QUENTIN, QU'ONT-ILS FAIT DE TOI ?

VÉRONIQUE ROY
avec Timothée Boutry

QUENTIN, QU'ONT-ILS FAIT DE TOI ?

Le combat d'une mère
pour son fils devenu djihadiste

Robert
Laffont

ISBN 978-2-221-19606-9

À la vie, à mes fils,
à mon mari, à ma famille

« Fais de ta plainte un chant d'amour pour ne plus savoir que tu souffres. »

Proverbe touareg

« J'ai décidé d'opter pour l'amour. La haine est un fardeau trop lourd à porter. »

Martin Luther King

1

Dernier week-end

On avait mangé des crêpes. J'avais préparé la pâte et Quentin avait insisté pour les faire. Il voulait que je me repose. « Évidemment », on n'avait pas mis de cidre à table, mais Quentin avait acheté des jus de fruits et des sodas. La nuit n'était pas encore tombée, on a dû commencer le repas en tout début de soirée. On a mangé tous ensemble, la famille entière réunie. Yannis, mon fils aîné, était revenu de Suisse pour le week-end avec Valérie, sa compagne.

Le dîner était agréable, très simple, l'épilogue heureux d'un week-end paisible. Tous les cinq réunis autour de la table, dans le grand salon, face au jardin. Quentin portait son joli pull gris à grosses mailles avec un col lâche. Je m'en souviens très bien. Comment aurais-je pu oublier tous les détails de cette scène ? Comment ne pas me souvenir de ce pull que j'ai ensuite longtemps porté ? Pour sentir l'odeur de mon fils, m'imprégner de lui, le tenir contre moi.

J'en avais tellement besoin. Car ce dîner familial du dimanche 21 septembre 2014 dans notre maison de Sevran fut le dernier avec Quentin.

Je n'aurais jamais pu l'imaginer, et j'ai même encore du mal à le réaliser aujourd'hui, pourtant c'est la dernière fois que j'ai vu mon fils en vie, en chair et en os. La dernière fois que nous nous sommes parlé en face à face. La dernière fois que je l'ai touché.

Il est parti le lendemain matin. Son bref séjour à l'étranger aurait dû se limiter à l'Allemagne. Il s'est effectivement rendu outre-Rhin mais en avion, et non en voiture comme prévu. Ce qui l'était encore moins, c'était que ce passage à Francfort ne soit qu'une escale avant qu'il n'emprunte un second vol en direction d'Istanbul en Turquie, puis qu'il ne regagne les rangs de Daech en Syrie. Un aller sans retour.

Quatorze mois plus tard, en janvier 2016, un mystérieux correspondant nous annonçait sa mort à seulement 23 ans, testament manuscrit à l'appui. Ce dîner dominical, avec ces crêpes au Nutella et à la confiture de sa mamie, fut l'ultime repas pris dans son pays et auprès des siens par Quentin. Le lendemain matin, il prenait la décision sans doute la plus difficile mais surtout la plus tragique de sa courte existence. Comme tant d'autres jeunes Français, mon fils est mort au nom d'un combat qui n'aurait pas dû être le sien, victime d'un embrigadement mortifère, au nom d'une cause fanatique et mensongère.

C'était pourtant un week-end comme un autre. Avec Thierry, mon mari, on avait programmé un dîner avec deux couples d'amis le samedi. Beau moment d'amitié comme on les aime, Thierry s'était surpassé aux fourneaux avec notamment des purées de légumes goûteuses et sans matière grasse qui sont son secret.

Le week-end précédent, on avait participé à la brocante du club de foot de Sevran. Quentin m'avait aidée à préparer les cartons d'articles à vendre. J'avais trouvé qu'il cédait beaucoup de choses, notamment pas mal de jeux vidéo et de DVD. Désormais je comprends mieux cet empressement à se débarrasser d'objets sur lesquels il ne comptait plus. Il faisait très chaud ce dimanche-là. Quentin m'avait préparé une délicieuse salade de fruits. Il m'avait aussi remplacée quelques minutes sur le stand pour que je puisse souffler un peu. Il n'avait pas vendu grand-chose, comme détaché, mais qu'importe il était là.

Pour ce week-end du 21 septembre, le programme s'annonçait joyeux. La présence de Yannis et de Valérie suffisait à nous combler. Samedi matin, j'étais allée faire quelques courses, j'avais rangé la maison pour accueillir tout le monde, préparé le repas. La routine.

Comme d'habitude, Quentin était heureux de voir son grand frère. Malgré sa transformation depuis sa conversion, les deux frangins étaient toujours aussi complices. Leurs retrouvailles se sont déroulées comme à l'accoutumée : ils se sont agrippés, avant d'esquisser quelques prises de lutte affectueuses dans le salon. C'était leur manière à eux de se retrouver, leur petit rituel. Je trouvais ça mignon, je les appelais mes deux lionceaux. Quand je ferme les yeux, je les vois encore en train de se serrer dans les bras, au milieu du salon.

Avec Valérie, c'était devenu beaucoup plus délicat. Depuis le Noël précédent, bien qu'il la connaisse de longue date – Yannis et Valérie sont en couple depuis près de dix ans –, Quentin refusait de lui faire la bise. Ça nous avait beaucoup choqués, à commencer par Yannis qui avait copieusement engueulé son petit frère. « Tu n'as pas le droit de me faire ça », lui avait-il dit, stupéfait et en colère en découvrant ce précepte absurde. Quentin avait répondu qu'il était désolé mais que, vraiment, il ne pouvait pas. Ça nous restait en travers de la gorge toutefois, ce jour-là, personne n'avait envie de se battre. Au contraire, on avait tous envie de se reposer, de profiter d'un moment sans histoire.

Après un déjeuner sur le pouce, Yannis et Quentin ont d'ailleurs passé une bonne partie du samedi après-midi ensemble. Yannis allait au mariage d'un de ses amis le soir, il a demandé à son petit frère de lui couper les cheveux dans la salle de bains, à l'étage. Un autre de leurs rituels. Ils sont ensuite allés faire du sport : de la course à pied, quelques pompes, des exercices de musculation. Ce sont tous les deux de beaux athlètes. Leur après-midi s'est poursuivi au centre commercial. Yannis avait besoin d'un costume pour la cérémonie. Il avait aussi insisté pour en acheter un à son petit frère, ce que Quentin avait décliné, prétextant qu'il n'en aurait pas besoin. Yannis avait été surpris de ce refus. Avec le recul, c'est malheureusement, là encore, beaucoup plus compréhensible. Il a quand même réussi à lui offrir une paire de baskets. Celle qu'il portait au moment de son grand départ.

Évidemment on n'en finit pas de ressasser ces derniers instants passés ensemble. Yannis m'a ensuite confié qu'il avait eu une longue discussion avec son frère pendant l'après-midi. Il avait appris qu'il ne fréquentait plus son copain Farid*[1], un de ses amis musulmans très pieux et même très rigoriste. Yannis avait essayé d'en savoir plus sur cette rupture. Une rupture en réalité de façade, puisqu'on a appris plus tard que Farid faisait partie du convoi qui a emmené Quentin à l'aéroport, prétendument sans connaître sa destination finale.

En tout cas, Yannis avait trouvé son frère gêné aux entournures par cet échange, évasif dans ses réponses. Il était manifestement dans l'esquive, mais ça ne l'avait pas non plus inquiété outre mesure. Yannis était en revanche davantage tracassé par l'avenir professionnel de Quentin. Il n'était pas

1. Les prénoms suivis d'un astérisque ont été modifiés.

rassuré par l'interruption de ses études. Lui qui a aujourd'hui un bon poste d'ingénieur informatique à l'étranger ne souhaitait pas que son petit frère galère de petit boulot en petit boulot. On pensait tous qu'il méritait mieux que ce nouveau job de taxi VTC[1]. Ils en ont parlé ensemble dans le jardin pendant l'après-midi mais Quentin avait éludé le problème.

Samedi soir, nous recevions donc nos amis à dîner à la maison. Yannis était à son mariage pendant que Valérie participait à une soirée avec des copines. Quentin, aussi, était de sortie, comme souvent le samedi soir. Il avait 22 ans et ce n'est plus un âge où on demande à ses enfants où et avec qui ils passent la soirée.

Au cours du repas, même si je n'en ai pas un souvenir très précis, on avait nécessairement parlé de nos enfants. Le cas de Quentin, dont la conversion à l'islam prenait une tournure chaque jour un peu plus intégriste, nous préoccupait. Tout comme son avenir professionnel en pointillé après l'abandon de la fac de sports. Parmi nos invités, l'un des couples, confronté à la grave maladie d'un de leurs enfants, était chamboulé par une histoire bien plus compliquée que la nôtre. Quentin, lui, était en bonne santé et c'était là le principal. Sa dérive religieuse allait bien finir par s'estomper, j'en étais convaincue.

1. Véhicule de tourisme avec chauffeur.

Avant de me coucher, je lui ai laissé une part de gâteau sur la table.

La journée du dimanche est passée très vite. Comme tous les week-ends, Quentin avait un match de foot en salle avec ses copains. Je crois que Yannis, malgré la fatigue de la soirée de la veille, l'avait rejoint. Les deux frangins ont aussi fait quelques parties de jeux vidéo. Après avoir fini nos crêpes, on s'est tous assis sur le canapé pour regarder un film en famille. C'était une comédie ou un polar je crois. Une soirée d'une banalité confondante. Et pourtant…

Je me suis réveillée tôt le lundi matin pour rejoindre mon travail à Paris en RER, comme chaque jour. Je suis partie sans croiser Quentin, qui n'était pas encore réveillé. Il avait donc prévu de passer quelques jours à Francfort. Officiellement pour repérer, à la demande de leur employeur, des berlines avec son collègue VTC Sylla*. Avant de reprendre la route vers la Suisse, Yannis et Valérie l'ont croisé à la maison. Ils se sont dit au revoir, se promettant de se retrouver deux semaines plus tard.

Il n'a pas eu de geste particulier envers son frère, ne s'est pas montré plus ému qu'à l'ordinaire, ni plus excité. Valérie qui, une nouvelle fois, n'avait pas eu droit à une bise d'adieu ne l'a pas trouvé serein… mais sans plus. Yannis, lui, a depuis ressassé ces derniers instants dans tous les sens, mais il est certain de n'avoir repéré aucun signe annonciateur. Il n'a rien vu. Nous, ses parents, non plus. Quentin était déterminé et enfermé dans son mensonge. Il est parti quasiment sans rien, avec un maigre sac de sport en guise de bagage. À l'intérieur, juste une trousse de toilette, un jean, une paire de baskets et une fine doudoune. Il a laissé derrière lui tous ses biens, y compris la belle montre que nous lui avions offerte pour ses 20 ans. Il n'a pas non plus emporté son Coran. Et pour cause, là où il se rendait c'était bien la seule chose dont il était certain de ne pas manquer.

Avec le recul, je réalise qu'il nous a dit au revoir. C'est évident. Il ne serait jamais parti sans revoir son frère une dernière fois. Il a fait le plein de sensations, de tendresse et de souvenirs. Mais personne ne s'en est rendu compte. Ce lundi matin, lorsqu'il a claqué la porte derrière lui, c'était pour la dernière fois. Son dernier jour en France. Son dernier jour avec sa famille. Aujourd'hui, je peux affirmer qu'une partie de ma vie s'est arrêtée ce week-end-là. La vie « normale », celle dont on veut se souvenir. Depuis, la vie continue mais elle me semble artificielle. Je suis debout, je lutte, je ris, j'aime, je danse, toutefois une partie de moi s'est irrémédiablement envolée avec Quentin.

2

Promesses de l'aube

Il avait fait beau ce jour-là. Le printemps s'installait sur la région parisienne. Le cerisier du jardin resplendissait avec ses jolis pétales blancs. C'est dans ce carré de verdure en pleine renaissance que j'ai ressenti les premières contractions. La veille au soir, on avait regardé un spectacle comique à la télévision. J'avais ri à gorge déployée, soulevant à rythme régulier mon ventre rebondi. Qui sait ? Ces rires ont peut-être provoqué l'arrivée de ce nouvel enfant dans notre foyer. Le symbole est agréable et j'aime à y croire.

Avec Thierry, nous voilà donc partis à la maternité de l'hôpital Robert-Ballanger de Villepinte. Elle n'est située qu'à quelques kilomètres de la maison. En prévision de l'heureux événement, nous avons demandé à mes parents de s'occuper de Yannis, né quatre ans et demi plus tôt.

Finalement l'arrivée de notre second garçon n'est pas encore imminente. Les médecins me conseillent de revenir un peu plus tard. On en profite pour faire un tour au parc de la Poudrerie, qui s'étend sur les communes de Sevran et Livry-Gargan. La proximité de ce grand parc fut l'une de nos motivations lors de notre installation à Sevran, une commune aujourd'hui malheureusement plus célèbre pour son trafic de drogue et ses jeunes qui partent en Syrie que pour ses agréables espaces verts. Mais, quand on s'y est établi en 1991, on se réjouissait surtout de vivre à côté de ce vaste espace, indispensable pour un couple de sportifs comme le nôtre.

De retour à la maternité, cette fois le travail est bien engagé. Quentin naît le 15 avril 1992 à l'heure du goûter, son repas préféré. L'accouchement se passe extrêmement bien, mieux que pour la naissance de Yannis. S'il avait été une fille, il se serait appelé Joséphine. On avait longuement hésité pour le choix d'un prénom de garçon. Je souhaitais l'appeler Timothée, mais Thierry trouvait ça trop féminin. Ce sera finalement son quatrième prénom à l'état civil. Thierry penchait pour Hannibal, en hommage à l'un de ses proches décédé, mais c'était doublement rédhibitoire pour moi : pour le prénom en lui-même et pour sa tragique référence. Notre choix s'est finalement accordé sur Quentin. Quentin Roy, ça sonnait plutôt bien. Yannis a découvert, ému, son petit frère le soir même, avec mes parents.

Nous sommes désormais quatre à la maison. Thierry et moi étant tous les deux issus d'une famille nombreuse, il était naturel pour nous d'avoir plusieurs enfants. Je suis la deuxième d'une fratrie de cinq. Même si nous nous entendons très bien, nous avons tous des sensibilités différentes qui se traduisent dans nos parcours respectifs. Mon frère aîné est le seul garçon. Il a fait Sciences-Po, on l'a souvent présenté comme l'intello de la famille. Après moi, j'ai une sœur cadre-infirmière. La suivante est danseuse et coach. Et la petite dernière travaille dans l'optique. Chez Thierry, ils sont sept enfants. Il est le quatrième des cinq premiers enfants nés en Haïti, son pays d'origine. Après lui, il y a encore deux garçons et enfin une fille. Les deux derniers sont nés en France lorsque mes beaux-parents ont dû fuir la dictature des Duvalier.

Après un parcours original qui l'a vu passer du petit séminaire à des études de géologie, mon père est devenu gendarme. Il a fait une belle carrière, partant à la retraite avec le grade de colonel. Mes parents sont tous les deux normands de souche, mais je ne pourrais pas dire que je me sens moi-même normande. C'est l'inconvénient d'être un fils ou une fille de militaire : nous avons migré au gré des affectations de mon père, de la Haute-Marne à la Seine-Maritime, en passant par la Somme, l'Eure et la région parisienne. On changeait d'école presque tous les ans. Ça ne facilitait pas les longues amitiés entre copines, d'autant que nos invités devaient chaque fois montrer patte blanche pour entrer dans la caserne, je n'en garde pourtant pas un mauvais souvenir.

Nous avons reçu une éducation plutôt traditionnelle, marquée en même temps par une grande fantaisie. Mon père était certes un représentant de la loi, mais je ne saurais pas comment l'expliquer, il ne ressemblait pas à un gendarme. S'il veillait strictement à notre éducation, il nous a laissé beaucoup de libertés, ainsi qu'à ma mère au tempérament artiste. Tous deux ont été très investis dans la vie associative, aujourd'hui encore.

J'ai eu mon bac en 1980. De profil plus idéaliste que matérialiste, je voulais exercer une profession artistique, en devenant décoratrice ou peintre. J'ai préparé les concours d'écoles d'art, puis me suis installée à Paris, pour m'inscrire à l'École du Louvre. J'avais tout juste 18 ans, je me sentais libre et très indépendante. La vie à Paris me plaisait. Pour payer mes études, j'avais trouvé un emploi de jeune fille au pair. Je gardais des enfants dans les beaux quartiers et j'étais logée dans le XVIIe arrondissement. Cette organisation, aussi agréable fut-elle, n'était pas forcément optimale pour préparer les examens. Il y avait en fait très peu de cours et l'essentiel de la scolarité consistait à aller voir des expositions ou rendre des travaux personnels. La prise en charge des enfants me compliquait la tâche. Et puis je sortais tout juste du lycée, je n'avais pas forcément les bonnes méthodes de travail. Il m'aurait sans doute fallu quelque chose de plus structuré et de plus encadré. Au final j'ai raté mon année.

J'ai dû faire un choix. J'avais contracté un prêt étudiant pour assurer mon indépendance et je voyais se rapprocher avec une certaine inquiétude l'échéance du remboursement. Mes parents ne m'ont pas forcément encouragée à poursuivre dans l'art. Malgré leur ouverture d'esprit, ils préféraient que je m'engage dans une voie plus « sérieuse ». Je me suis inscrite en BTS secrétariat de direction bilingue. Une orientation qui m'a permis, une fois le diplôme en poche, de dénicher du travail assez vite. Je me suis retrouvée dans le secteur de la publicité et de la presse dans lequel j'évolue encore aujourd'hui. Je travaille dans une entreprise à deux pas de l'Opéra de Paris où je vends des espaces publicitaires pour un éditeur de presse spécialisée. J'ai des collègues sympathiques et je m'y plais bien, malgré les longs trajets en RER. J'ai abandonné l'idée d'une carrière dans l'art mais je ne le regrette pas. Néanmoins je continue à peindre, et ce n'est sans doute pas un hasard si j'ai épousé un artiste.

J'ai rencontré Thierry au conservatoire de musique de Montreuil-sous-Bois. C'était en 1984, un dimanche. Ma petite sœur passait son examen pour obtenir sa médaille d'or de danse. Toute la famille avait été conviée pour l'événement. On était assis dans l'amphithéâtre lorsque j'ai aperçu un gars avec une belle gueule, vêtu d'une parka beige, qui se promenait son saxophone sous le bras. Avec sa peau ambrée, il avait une tête de musicien de jazz, il ressemblait à Al Jarreau. À la fin de la session, on se réunit pour féliciter ma sœur et voilà que ce jeune homme s'approche de notre petit groupe pour la congratuler à son tour. On fait de rapides présentations et un quiproquo s'installe : mes parents imaginent qu'il s'agit du petit ami de ma sœur. Très sociables, ils l'invitent illico à monter dans notre voiture pour assister au spectacle dans lequel elle doit se produire le soir même dans une salle du Val-de-Marne. Un peu surpris, mais lui aussi de nature affable, il accepte. Ironie de l'histoire, le spectacle est finalement annulé à la dernière minute. À la place, on va tous boire un verre dans un café. La discussion est agréable. J'apprends à connaître ce fils d'immigrés de la bourgeoisie haïtienne qui étudie dans le même conservatoire que ma sœur. Il joue du saxo et de la batterie, il est très doué, original. On se quitte en s'échangeant nos numéros de téléphone.

La suite est cocasse. Car, pendant la semaine, je fais la connaissance d'un autre Thierry. Et le samedi suivant, je reçois un appel : « Salut, c'est Thierry ! » Sur le coup, je pense à celui que j'ai rencontré quelques jours plus tôt, et non à celui du conservatoire. Le malentendu est vite dissipé et il me fait une proposition étonnante : « Est-ce que tu veux m'accompagner ce soir dans un club de jazz ? J'ai appelé ta sœur, mais elle n'est pas libre et donc je te le demande à toi. » C'est pour le moins maladroit – je le chambre encore aujourd'hui là-dessus ! – mais je ne me formalise pas. Ce soir-là, j'avais prévu d'aller danser avec une copine. Je lui retourne donc l'invitation et lui demande de nous rejoindre quand il le souhaite dans le métro. Il accepte et nous voilà tous en route vers le Metropolis, la célèbre boîte de Rungis qui vient d'ouvrir ses portes.

Au petit matin, ma copine nous dépose en voiture dans le XIXe arrondissement de Paris, pas très loin de chez moi. Le métro n'est pas encore ouvert et je suggère à Thierry de venir chez moi en attendant la première rame qui le conduira vers son studio de Montreuil. Ce fut un beau moment. On a refait le monde. Je lui ai montré mes aquarelles. On a parlé musique, dessin, philosophie. Le fluide passait bien entre nous. Il n'a jamais pris son métro…

Il y a très vite eu comme une espèce d'évidence entre nous. J'ai su en peu de temps que cet homme serait le père de mes enfants. À l'époque, il n'avait pas une grosse situation. C'était un vrai musicien bohème. Pour gagner de l'argent, il animait des colos et des centres aérés, ou il était surveillant de cantine. On n'était pas riches mais tout simplement heureux et on s'est très rapidement installés ensemble, d'abord à Pantin.

Les événements se sont enchaînés puisque, deux ans plus tard, en 1986, Thierry a solennellement demandé ma main à mon père. On s'est d'abord fiancés avant de se marier. J'appréhendais un peu la rencontre de nos deux familles, issues de deux cultures très différentes. Mais tout s'est fort bien passé. Il faut dire que dans la famille nous avons tous choisi des conjoints d'horizons divers : j'ai une belle-sœur d'origine marocaine, un ex-beau-frère d'origine italienne, un autre qui a migré au Québec, et un dernier, né au Pakistan.

On a organisé un mariage très traditionnel. La messe a été célébrée en l'église du Val-de-Grâce. Je portais évidemment une robe blanche, Thierry un beau costume, maman un élégant chapeau et mon père son uniforme d'officier de gendarmerie. C'était solennel, tout le monde était sur son trente et un, mais au final ce fut très simple, à notre image. L'alliance d'une Normande et d'un Haïtien, voilà qui aurait plu à l'abbé Grégoire, ce prêtre qui fut député de l'Assemblée constituante pendant la Révolution française. Militant antiesclavagiste notoire, il expliquait que le créole haïtien avait des similitudes linguistiques avec le patois normand…

Yannis voit le jour un an plus tard, en décembre 1987. À ce moment-là, on habite encore à Pantin, dans notre premier logement. Le parc de la Villette est en train de sortir de terre. J'assiste à sa construction et arpente le chantier en promenant Yannis en poussette. On ne va pas en profiter très longtemps, car on commence à se sentir à l'étroit dans notre deux-pièces, grand mais pas adapté. Le père de Thierry qui est ingénieur architecte nous aide à prospecter. Fin 1990, on jette notre dévolu sur la maison de

Sevran, conquis par la qualité de vie et les prix attractifs de l'immobilier. Thierry pourra y jouer de la batterie. Et, en voyant le jardin, on a tout de suite imaginé la balançoire pour Yannis.

Une fois installés, nous comptons bien profiter de l'espace pour agrandir notre famille. Mais autant la naissance de Yannis s'est déroulée dans une période de bonheur, autant celle de Quentin se produit dans une période plus triste de notre vie. Je crois aux cycles dans l'existence : pour chaque mort, il y a une naissance. Quentin a été conçu après que nous ayons vécu un drame effroyable.

C'était un samedi soir, au mois de juin 1991. Le groupe de Thierry s'était produit lors d'une soirée de mariage en banlieue. Je me souviens encore de la pleine lune. La nuit était claire, avec un ciel sec et limpide. Au retour, on avait pris place, tous les deux, à bord de notre petite Fiat. On transportait la batterie et les amplis. Une de ses copines voulait rentrer avec nous, mais c'était vraiment impossible de l'emmener, faute de place. Elle a embarqué dans une plus grosse voiture dans laquelle ils se sont retrouvés à six : elle plus cinq copains de Thierry, des membres de son groupe.

On roulait tranquillement quand on a vu débouler derrière nous une voiture qui fonçait comme un avion supersonique. Le conducteur, un gamin de 20 ans qui avait bu et faisait la course, nous a frôlés. On a cru que c'était pour nous mais il nous a évités.

Pas la voiture des copains de Thierry. On a entendu une explosion. Le choc a été d'une violence inouïe. Sous l'impact, ils se sont encastrés dans un arbre. La voiture a pris feu immédiatement. Nous étions aux premières loges. Thierry s'est précipité pour les sauver. Il a essayé d'en sortir un qui avait les jambes coincées sous le siège. En vain, la sécurité enfant était enclenchée. Il a littéralement entendu ses copains cramer. Ils sont tous morts, sauf l'un des guitaristes du groupe qui a miraculeusement été éjecté et qu'on a retrouvé dans l'herbe quelques mètres plus loin. Moi, j'étais en panique, assistant impuissante et hébétée à cette tragédie. La voiture se consumait, Thierry se brûlait les mains en tentant l'impossible, j'étais en état de choc.

Les jours suivants, on a enterré cinq copains, dont cette fille qui avait tant insisté pour monter avec nous, pressentant peut-être qu'un drame allait se produire. Je n'ai jamais cessé de penser à elle. Thierry, lui, a développé le syndrome du survivant. Il s'en voulait d'avoir réchappé à cette tragédie. Puis, une semaine après, son père est mort d'une crise cardiaque. Thierry a alors fait une grosse dépression qu'il a refusé de soigner en prenant des médicaments. Sa guérison, c'était de se replonger dans ses racines haïtiennes. Et aussi de revenir à la musique. C'est au rythme de la batterie qu'on a finalement repris le cours de notre vie. Je suis tombée enceinte quelques semaines plus tard.

Quentin est né après tout ça. À un moment où nous étions moins légers, mais je ne veux y voir aucun signe, ni aucune explication à son histoire. C'était un bébé très attendu. Il est arrivé à un moment où nous en avions particulièrement besoin. Sa naissance fut une joie immense.

3

L'enfance de Quentin

Quentin a été très aimé toute sa vie, entouré par ses parents et ses grands-parents. Sans faire preuve d'angélisme ou d'idéalisme, je crois pouvoir dire qu'il a grandi dans des conditions privilégiées. Bien sûr, on avait parfois nos problèmes, de fric, de couple ou de boulot. Mais une chose n'a jamais varié : on s'aimait.

Quand j'entends dire que les enfants qui partent faire le djihad sont ceux à qui on n'a pas dit « je t'aime », ça me fait bondir. Je ne peux pas l'entendre. C'est sans doute le cas de certains. Mais c'est beaucoup trop simpliste de réduire ce phénomène à ces situations-là. L'exemple de Quentin en est l'illustration. Ce qui prouve combien le profil de tous ces jeunes attirés par cette chimère est varié. Et combien le défi pour endiguer ce fol exil dont le flot ne se tarit pas est grand. On n'y arrivera pas en faisant des généralités.

J'ai pris un long congé maternité à la naissance de Quentin, pendant environ six mois. Je voulais profiter au maximum de mes deux enfants. Une nourrice à domicile a pris le relais lorsque j'ai retravaillé. Quentin a effectué la majeure partie de sa scolarité dans le privé. Comme son grand frère, on l'a d'abord inscrit à l'école publique. Mais, au gré du découpage de la carte scolaire, on dépendait d'un collège situé dans un quartier qui ne nous plaisait pas trop. Avec nos horaires à rallonge, on ne souhaitait pas que nos enfants soient livrés à eux-mêmes à la sortie des classes. On a donc privilégié le privé, afin qu'ils soient davantage encadrés. Quentin a fait sa maternelle et son primaire à Sainte-Agnès, dans le centre-ville de Sevran. Il a ensuite intégré le collège-lycée de l'Espérance à Aulnay-sous-Bois, un des meilleurs établissements de Seine-Saint-Denis.

Le 10 mai 2016, la directrice nous a envoyé un courrier adorable. Elle avait appris la nouvelle du départ – puis du décès – de Quentin par d'anciens élèves de sa promo. Sa lettre manuscrite nous a énormément touchés.

« Je garde le souvenir d'un garçon sympathique qui a suivi une scolarité sans souci pendant les années à l'Espérance. La soirée Haïti dont il a été l'un des auteurs reste un excellent souvenir et un fait marquant dans mes vingt-sept ans de carrière. J'ai été affectée personnellement avec le sentiment d'être peut-être passée à côté de quelque chose », écrit-elle.

Certains diront sans doute que je suis aveuglée par l'amour pour mon fils, que je réécris l'histoire d'un enfant sage et sans problèmes pour me dédouaner ou me donner bonne conscience. Mais là, dans cette lettre, ce n'est pas sa mère qui parle, juste une enseignante chevronnée, une professionnelle de l'adolescence. Et elle non plus n'a rien vu. L'absence de signe avant-coureur nous a d'ailleurs été confirmée lorsqu'en mai 2016 nous avons été invités, Thierry et moi, à témoigner devant une centaine d'élèves et l'équipe éducative du groupe scolaire privé d'Aulnay. Quentin nous a alors été présenté comme « le chouchou ».

Il n'a jamais été un enfant difficile. Un peu turbulent, mais pas casse-cou. Ni pleurnichard ni geignard. Au contraire, un bon vivant, toujours avec le sourire aux lèvres, très câlin et hypercommunicatif malgré sa timidité. Un garçonnet très bavard qui faisait un peu le clown. Pas un week-end sans qu'il soit invité chez l'un ou chez l'autre. Les copains défilaient. Sa sensibilité et son grand cœur l'avaient guidé vers les autres. Chaque année, la maison était pleine pour fêter son anniversaire. Avec son allure joyeuse et ses manières de fanfaron, il savait se rendre populaire. « Quentin, c'était la joie de vivre, on savait qu'on allait bien se marrer, toujours le sourire aux lèvres », nous a écrit un de ses anciens camarades de classe, désemparé après l'annonce de son décès.

Je crois pouvoir dire qu'on a entrepris tout ce que des parents tentent pour faire plaisir à leurs enfants. On les a emmenés au parc Asterix, au cinéma. On s'est saignés pour leur faire profiter des vacances les plus agréables possibles, en allant au ski tous les hivers et à la mer tous les étés. Les enfants ont également passé pas mal de temps en vacances chez mes parents, en Normandie. Quentin adorait ces instants passés avec ses cousins et ses cousines. Les séjours étaient rythmés par les parties de jeux de société avec sa mamie dans la véranda, les escapades à vélo avec son papi, les balades en forêt, les parties de foot et de cache-cache dans le jardin, les déguisements et aussi les grands goûters et les devoirs de vacances. De beaux moments de joie et d'insouciance.

On n'a jamais privé les enfants même si on ne roulait pas sur l'or. On ne pouvait pas leur donner beaucoup d'argent de poche, ni leur payer des habits de marque. Comme dans toutes les familles de la classe moyenne, on était à l'affût des soldes et des bonnes affaires avec un extra pour les anniversaires. On s'est toujours investis pour leur offrir le meilleur avenir possible, en assurant leur épanouissement scolaire et personnel. Même si je n'aime pas trop ce terme qui, au fond, ne veut pas dire grand-chose, je ne vois pas comment définir autrement une enfance « normale » dans une famille tout autant « normale ».

Quentin a aussi hérité du gène artistique familial. C'était un très bon musicien et un excellent danseur, il avait un potentiel comique, l'âme d'un vrai *showman*. On avait même envisagé de l'inscrire dans une école de comédie musicale. On avait effectué des recherches, je suis certaine qu'il s'y serait plu. À 6 ans, on l'a inscrit à un cours de piano chez une professeur qui habitait pas loin de chez nous. Il s'est éclaté. Très vite, il a commencé à jouer ses premières gammes de jazz, à composer ses premières mélodies. Le piano, c'était son choix et on avait l'impression qu'il s'épanouissait dans l'exercice de cet instrument. Le clavier est toujours à sa place, dans un coin du salon. Malheureusement, sa radicalisation lui avait aussi progressivement fait arrêter la musique.

Si l'on met de côté sa conversion, Quentin n'a jamais eu de crise d'adolescence à proprement parler. Bien sûr, on n'a pas échappé à quelques portes qui claquent, à des privations de jeux vidéo ou à des discussions un peu animées. Mais rien d'excessif. Ni lui ni son frère n'ont jamais touché à la drogue. La seule chose qu'ils ont fumée, c'est la chicha de temps à autre. Je ne suis même pas certaine que Quentin ait jamais touché à un joint ! Il faut dire que leur père les avait sérieusement mis en garde. Dans le monde de la musique, Thierry a vu les ravages de l'héroïne au cœur des années 1980. Il a plusieurs copains qui sont morts d'overdose. Il n'a jamais rien caché aux enfants, pour ne pas en faire un sujet tabou. Au final, c'est même eux qui l'ont convaincu d'arrêter la cigarette.

D'une manière générale, le dialogue n'a jamais été rompu avec Quentin pendant toute son adolescence.

Avec le recul, je crois que j'aurais préféré que ça déborde et qu'un éventuel mal-être nous explose à la figure. Ça m'aurait peut-être alertée, j'aurais sans doute été plus vigilante sur tous les signaux de radicalisation.

Quentin est un enfant métis. Avec des racines normandes de mon côté et haïtiennes du côté de son père. Il a sans cesse baigné dans cette double culture. Pour Noël, sur la grande table où nos deux familles avaient l'habitude de se réunir au pied du sapin, on dégustait des plats français traditionnels et des recettes créoles. Je n'ai pas l'impression qu'il ait souffert d'un quelconque racisme.

Un jour, son grand frère Yannis était revenu de l'école maternelle en pleurnichant, « Je ne veux pas être noir », à la suite d'une remarque de cour de récréation qui l'avait blessé. Thierry l'avait réconforté en réaffirmant cette évidence dont il ne devait jamais avoir honte, bien au contraire : oui, Yannis était bien un enfant noir et blanc.

Chez Quentin, avec sa peau très claire couleur crème et ses grands yeux vert doré, le métissage était moins visible. Petit, il avait même les cheveux très blonds. On le prenait davantage pour un Tunisien. Dans la rue, il repérait immédiatement les Haïtiens, éberlués qu'un « rebeu » puisse leur adresser la parole avec ses rudiments de créole. Ça l'amusait mais pas seulement. Il en était fier, car autant Yannis avait le physique de son père et l'esprit de sa mère, autant Quentin c'était l'inverse. Il vivait sa négritude de l'intérieur, dansant comme un Black, parlant créole avec un bon accent après avoir longuement écouté parler son père. Dans une ville comme Sevran, son métissage n'avait rien d'exceptionnel. Il avait des copains de toutes origines, tunisiennes, algériennes, turques, polonaises, iraniennes, albanaises… Un enfant du monde dans un univers de mélanges. On l'a toujours éduqué dans le respect des valeurs de tolérance et d'ouverture. C'est pour ça qu'on n'avait pas rejeté sa conversion.

Sa scolarité s'est déroulée sans encombre. C'était un bon élève, ni un premier de la classe ni un cancre. Un élève ordinaire qui franchissait chaque année le cap de la classe supérieure. Il ne se fatiguait pas trop et se contentait de dépasser tout juste la moyenne. Il était curieux, avait des capacités intellectuelles réelles et s'exprimait avec aisance. C'était plutôt un scientifique, même si je me souviens aussi de ses très bonnes dissertations en philosophie. En 2010, il a décroché son bac S avec mention.

En revanche, il a eu du mal à trouver sa voie professionnelle. Il s'est beaucoup cherché. Il a d'abord voulu devenir footballeur, puis kinésithérapeute après une blessure. Il s'est inscrit à cet effet dans une classe préparatoire privée du Ve arrondissement de Paris. L'année où Yannis recevait son diplôme d'ingénieur en informatique, Quentin en était fier ; mais cela lui paraissait-il accessible ? Avec le recul, c'est la question que l'on se pose. Il faisait des allers-retours entre Paris et la maison. Je me disais que ça lui ferait du bien d'aller à Saint-Germain-des-Prés, que ça lui permettrait de découvrir un autre univers. Mais l'ambiance bachotage qui y régnait ne lui a pas du tout convenu. Il était mal à l'aise, stressé. Je lui ai même conseillé d'aller voir le directeur pour lui faire part de ses difficultés, de ses angoisses. Ça l'a remotivé. Mais pas suffisamment. À la rentrée de janvier, il a souhaité interrompre son année définitivement. Je trouvais ça un peu bête d'abandonner en cours de route, surtout que le concours était au mois de mars. Il n'a pas voulu changer d'avis. Il a tiré un trait sur son projet. Il n'en a plus jamais reparlé après. J'ai l'impression qu'il ne l'a jamais vécu comme un regret, ni comme un échec. J'ai le sentiment qu'il était passé à autre chose

Sa passion et ses prédispositions pour le sport l'ont finalement incité à s'inscrire en filière STAPS[1] à la rentrée suivante. Se dépenser, c'était son oxygène et son équilibre. Il a commencé à jouer au foot très tôt, avec un talent naturel évident. Il rêvait de faire une carrière professionnelle. J'en ai passé des après-midi à l'encourager et à m'époumoner sur tous les terrains d'Île-de-France ! Entre les entraînements où son père l'accompagnait la semaine et les matchs le week-end, sa vie était rythmée par le foot. Avec son endurance et son agilité, il était doué dans toutes les disciplines. Il a fait un peu de judo et beaucoup d'athlétisme. Avec son père et

1. Sciences et techniques des activités physiques et sportives.

son grand frère, ils s'organisaient régulièrement des séances d'entraînement, le punching-ball accroché aux branches du cerisier du jardin, histoire de se muscler et de se dépenser. Et pour leur cardiophysique, rien de tel que la montée des marches de Montmartre ou de longues courses au bois de la Poudrerie, à côté de chez nous.

Avant de débuter son nouveau cursus, Quentin a enchaîné les petits boulots. Il a travaillé au service bancaire de La Poste, dans une imprimerie et dans un fast-food. Il a gagné pas mal d'argent, ce qui lui a permis de rembourser le prêt étudiant contracté pour la prépa privée. Responsable et autonome, il a ainsi réglé ses dettes.

Quentin a fait sa rentrée en fac à Bobigny en septembre 2011. Mais entre ses nombreuses activités sportives, à l'université et en dehors, et son petit boulot en parallèle chez Decathlon, il ne s'est pas suffisamment investi. Du coup, il a raté sa première année. D'un cheveu mais il a quand même dû redoubler. Il a davantage travaillé l'année suivante, ce qui lui a permis de réussir ses examens. De l'avis de ses amis, il était vraiment très doué dans les matières sportives.

En revanche, il n'avait pas une vie étudiante très active. Ne buvant jamais d'alcool, même avant sa conversion, il n'allait pas en soirée. À part pour jouer au foot, il sortait très peu avec ses amis. Il était en couple, à ce moment-là, avec sa petite amie Jade*. Ils étaient très casaniers tous les deux, préférant les sages sorties au cinéma aux soirées endiablées en boîte de nuit.

« Quentin était notre petit frère, toujours le sourire aux lèvres ; même quand ça n'allait pas pour lui, il laissait paraître une joie extérieure indescriptible. Toujours là pour nous faire rire. Il avait tout pour lui : une famille qu'il qualifiait d'aimante, une copine qu'il aimait comme pas possible, à tel point qu'on en rigolait toujours quand on lui proposait de sortir et qu'il nous répondait invariablement : "Non, je suis avec ma copine, ce soir, les gars" », confirme un de ses anciens camarades de fac qui, lui aussi, a pris la plume quand on l'a informé de son destin tragique. Avec Jade, ils s'aidaient aussi pour les révisions. Je la revois encore en train de faire réciter ses cours d'anatomie à Quentin. Il a d'ailleurs réussi sa seconde année, avant d'abandonner en cours de route la suivante. Puis de partir en septembre 2014.

4

La conversion

Le moment est gravé dans ma mémoire, à défaut d'en connaître la date exacte. J'ai toujours pensé qu'on devait être au début de l'année 2013. Yannis a l'impression que c'était plutôt en septembre 2012. À l'époque, je n'avais pas encore commencé à noircir mon petit carnet intime, ce qui m'empêche d'avoir des repères chronologiques précis. Après tout, peu importe, à ce stade-là, rien ne pouvait annoncer le pire. Je retiens simplement que l'hiver ne s'était pas encore installé puisque Quentin portait simplement une veste en jean. Je crois que c'était en fin de semaine, sans doute un vendredi.

Ce soir-là, il est rentré à la maison tout sourire, l'air épanoui. Il nous a réunis son père et moi dans le petit salon. Puis il s'est accroupi en nous prenant les mains. Avant de nous prévenir qu'il avait quelque chose d'important à nous confier. Ça lui tenait manifestement très à cœur et il voulait prendre toutes les précautions pour ne pas rater son annonce. C'était très solennel. Thierry se souvient qu'il a posé un genou à terre. J'étais interloquée, n'ayant aucune idée de ce qu'il pouvait bien avoir à révéler. J'ai même pensé qu'il allait faire son *coming-out* et nous dévoiler son homosexualité ! L'idée m'a véritablement effleuré l'esprit.

Il souhaitait en réalité nous annoncer sa conversion. « Ah bon, mais à quoi ? » avons-nous benoîtement réagi. À l'islam, bien entendu… « Je suis heureux. Ça ne changera rien entre nous, ne vous inquiétez pas », s'est-il empressé d'ajouter. C'est curieux, mais il nous demandait presque pardon. Il avait l'air gêné, comme s'il nous trahissait.

Thierry l'a rassuré, en lui demandant même de se lever, par respect pour sa nouvelle religion, lui intimant de ne surtout pas s'excuser. D'ailleurs, pourquoi l'aurait-il fait ? La bienveillance ou le métissage ont toujours fait partie de notre univers. À une époque où l'on ne parlait pas encore de radicalisation ou de départs en Syrie, il n'y avait aucune raison de remettre en cause le choix de notre fils. Nous n'étions pas préparés à ce choix mais nous l'avons accepté.

Et pourtant, ce soir-là, je me souviens d'avoir pleuré. Non pas en raison de sa décision mais parce qu'on n'avait pas été invités à une fête pour marquer l'événement. Je m'imaginais une cérémonie semblable à un « baptême » à la mosquée, entourée par d'autres fidèles, avec des chants. J'étais triste de ne pas avoir pu célébrer ce moment qui semblait si important pour mon fils. « Mais il n'y a pas de fête, maman, m'a répondu Quentin. Ça se passe uniquement entre Dieu et moi. »

Quentin a sans doute perçu mon trouble. Car, au fond de moi, j'avais la crainte que cela crée définitivement une scission culturelle entre nous. « Ça ne va rien changer, a-t-il promis. Car ce n'est pas la culture arabo-musulmane que j'embrasse, simplement l'islam. Je ferai mes prières dans mon coin et je continuerai à manger normalement avec vous, à voir la famille. »

L'histoire nous a prouvé que ces bonnes intentions n'ont pas perduré mais, au départ, c'était effectivement le cas. Il n'avait réclamé aucun régime alimentaire spécial et respectait les règles du foyer. On avait malgré tout l'impression de faire un grand saut dans l'inconnu avec cette religion dont nous ignorions tout, excepté quelques bribes sur le soufisme.

Pour être honnête, même si elle m'a déconcertée, l'annonce de sa conversion ne fut qu'une demi-surprise. À l'école ou au foot, il avait de très nombreux copains musulmans. Il éprouvait une attirance naturelle envers cette culture éminemment chaleureuse. Mais à l'été 2012, c'était allé plus loin. Il avait voulu essayer le jeûne du ramadan. Par solidarité avec ses amis, s'était-il justifié. Ça m'avait paru étrange. J'avais pourtant respecté sa décision sans, il est vrai, avoir eu beaucoup le choix : j'étais mise devant le fait accompli. Quentin était majeur, libre de faire ses expériences. Du moment que ça ne bousculait pas la vie de la famille et qu'il ne se mettait pas en danger, je n'avais rien à lui reprocher. Cette expérience du jeûne lui avait plu. Il trouvait ça agréable, utile à la concentration et bon pour la pratique sportive. En fait, il testait ses limites.

Sans que nous soyons pratiquants réguliers, la religion – catholique – avait déjà sa place dans notre foyer. Mon père, après ses études chez les jésuites, s'était d'ailleurs inscrit au petit séminaire. Il avait envisagé de devenir prêtre ou, plutôt, sa mère, jeune veuve de guerre, l'avait envisagé pour lui. Il a finalement abandonné avant de bifurquer vers la géologie puis la gendarmerie. Mais il est resté très porté sur la spiritualité. Avec ma mère, ils se rendent régulièrement à la messe et participent à des groupes de réflexion religieuse. Le père de Thierry, lui, n'était pas croyant. Au contraire même, puisqu'il fut l'un des créateurs du Parti communiste à Port-au-Prince. Sa mère était quant à elle plus ancrée dans la tradition catholique créole.

En ce qui me concerne, même si je ne vais jamais à la messe sauf pour les événements familiaux, je me considère comme croyante. Une foi en Dieu uniquement spirituelle qui ne repose pas sur un dogme ou sur des rites. Je vois la présence de Dieu dans la nature. J'aime les lieux sacrés. Lorsque je suis dans un univers agréable et que je profite d'un beau paysage, j'ai l'impression que cette harmonie est l'œuvre de Dieu. Je n'hésite pas à le remercier de m'offrir de si beaux moments : ce ne sont pas à proprement parler des prières, mais plutôt des messages de satisfaction que je lui adresse. Comme j'ai été élevée dans la religion catholique, c'est dans cette tradition-là que s'inscrit ma foi. Néanmoins, en tant qu'adepte du yoga, je me sens parfois plus proche d'une philosophie tel que le bouddhisme. La foi est donc pour moi avant tout intérieure, je pense que nous avons en chacun de nous une parcelle de Dieu. En tout cas, je ne la vis absolument pas comme un devoir, ni comme un contrat avec des obligations à remplir et des règles strictes à respecter. J'ai souffert dans ma jeunesse du carcan moral qu'imposait l'Église catholique et je ne voulais absolument pas transmettre ça à mes enfants. Pourtant ça m'a paru complètement naturel de me marier à l'église et de faire baptiser mes enfants.

Thierry, lui aussi, croit en Dieu mais à sa manière. En Haïti, il a grandi dans un pays où les croyances occupent une place considérable dans la société, mélanges de catholicisme et de culture vaudoue transmis par les anciens esclaves venus d'Afrique, comme le Bénin. Il est très imprégné par cette culture qui fait partie de lui, de son histoire. Après avoir flirté avec le bouddhisme dans sa jeunesse, il est aujourd'hui spirituellement plus attiré par le judaïsme, surtout depuis qu'il a appris qu'il avait sans doute de lointains ancêtres juifs par sa mère.

Pour lui comme pour moi en tout cas, croire en Dieu n'a donc rien d'extravagant, même si on part du principe que ça ne peut pas s'expliquer. Cela relève de l'intime et ça doit être respecté.

Quentin, comme son grand frère, a été baptisé quand il avait un an. Sur les photos de famille accrochées dans l'escalier de la maison, on peut l'apercevoir le jour de la cérémonie en marinière bleu et blanc, siglée « Saint-Tropez ». Une jolie petite frimousse d'enfant de chœur. Quentin a donc reçu une éducation empreinte de religiosité.

J'avais moi-même donné des cours de catéchisme à Yannis, parce que je ne voulais pas qu'il reçoive un enseignement à l'ancienne. Je préférais une approche plus concrète. Je lui offrais davantage des cours d'histoire que de religion. Je ne lui ai même jamais demandé de prier. En revanche, à cause du travail, je n'avais pas continué pour Quentin.

J'en suis même venue à culpabiliser : et si je lui avais enseigné la religion ? Je sais bien que ça n'aurait rien changé, mais je ne peux m'empêcher de tout repasser en revue. Il n'a pas fait sa première communion, mais il accompagnait parfois mes parents à la messe. Il assistait aux cérémonies religieuses familiales, à tous les anniversaires de mariage de ses grand-parents par exemple. Je lui avais acheté un livre pour enfants sur la Bible qu'il feuilletait de temps en temps.

Le sujet n'était donc absolument pas tabou à la maison. Je me souviens, par exemple, d'un copain du foot de Quentin qui venait régulièrement chez nous. De confession musulmane, il se posait beaucoup de questions sur le sens de la vie. On en débattait tous ensemble, c'était au moment de leur adolescence. Sans être bouddhiste, je lui avais offert un livre sur le dalaï-lama. Je sais qu'ils en avaient parlé avec Quentin. Ce message de paix et surtout de sérénité me séduisait.

Contrairement à Yannis, qui s'est totalement détaché de cette dimension-là, j'avais bien senti que Quentin éprouvait un besoin de spiritualité. Il avait des discussions intéressantes avec mon père. Ils étaient tous les deux attirés par un certain mysticisme, se posant des questions philosophiques sur l'existence. Mais je n'avais jamais imaginé que cette quête de sens déboucherait un jour sur une conversion à l'islam. Plus tard, alors qu'il était déjà en Syrie, Quentin m'a expliqué qu'il se posait des questions depuis ses quinze ans et qu'il avait fait ses propres recherches. Il n'en avait jamais parlé ouvertement à la maison.

Malheureusement, nous n'avons pas pu l'accompagner sur ce chemin. Nous l'aurions peut-être empêché de rencontrer les mauvaises personnes. Mais, et c'est l'une de nos principales interrogations, nous ne savons toujours pas auprès de qui il a été sensibilisé et instruit à l'islam. À partir de sa conversion, Quentin se rendait à la mosquée tous les vendredis pour la grande prière. Il nous avait dit qu'il n'était pas attaché à un lieu de culte en particulier et qu'il assistait au prêche dans différentes mosquées du département.

Un jour, Thierry l'a accompagné, c'était à la mosquée de Villepinte. Il n'a évidemment rien remarqué de spécial. Je sais aussi que Quentin fréquentait une association de jeunes musulmans de Sevran au sein de laquelle il prenait des cours d'arabe. Nous n'avions pas de raison de nous méfier et il n'était pas question de mener une enquête de police.

Le seul indice matériel dont nous disposons est un « certificat d'islam », délivré au mois d'août 2013, par une association cultuelle d'Aubervilliers. Nous n'avons découvert son existence que tardivement, après son départ. Ce document n'a aucune valeur mais, en effectuant de simples recherches, il fournit de précieuses indications. Si l'on se fie à son site, l'association est gérée par un imam de la mosquée d'Aubervilliers qui organise de nombreuses conférences en France. Un prédicateur qui, en 2013, avait été menacé d'expulsion par Manuel Valls, alors ministre de l'Intérieur, pour avoir tenu des propos prétendument homophobes. Des accusations que ses proches avaient alors vivement contestées. Dès que nous avons eu connaissance de ce certificat, nous avons cherché à joindre un responsable de l'association. En vain. Depuis, nous avons appris qu'elle avait été dissoute. On ne saura donc jamais quel rôle elle a pu jouer dans le cheminement de notre fils et, en l'état, nous n'avons aucune raison de leur faire de reproches. D'autant qu'au début de l'année 2016, nous avons appris qu'il fréquentait régulièrement une mosquée suspecte de Sevran, rebaptisée dans la presse « mosquée Daech » ! Elle a précipitamment fermé ses portes en mars 2016... Malheureusement, faute d'accès au contenu de l'enquête judiciaire ouverte après le départ de Quentin, nous en sommes réduits à nous poser des questions.

Mais sans même chercher où et avec qui Quentin s'est rapproché de l'islam, je me suis d'abord interrogée sur les raisons de son intérêt pour cette religion. Et avec le recul, je réalise que sa conversion n'avait rien d'insensé, tant elle venait épouser certains aspects de sa personnalité.

5

Le moine et la science

Quentin a toujours eu besoin d'un cadre, de se fixer des règles à suivre et de s'y tenir. Je le réalise mieux aujourd'hui, son implication jusqu'à l'excès dans la religion est sans doute venue assouvir cette quête d'absolu qui l'animait. Cette abnégation, c'est d'abord une qualité. Celle de s'investir dans un projet et de respecter ses engagements. Mais c'est aussi une faiblesse quand tout regard critique disparaît.

Dans tout ce qu'il entreprenait d'important à ses yeux, Quentin voulait absolument bien faire. Dans le sport par exemple où son implication à l'entraînement n'a jamais failli. Combien de fois l'ai-je entendu se lever aux aurores pour aller courir avant de partir à la fac ou au travail ? L'exercice ne lui faisait pas peur. Au boulot, on pouvait compter sur lui. Il n'avait qu'une parole. Ce besoin de normes aurait très bien pu l'inciter à s'engager dans l'armée. Faire du sport, courir à jeun le matin tout en respectant les règles, c'était parfait pour lui. Il était formaté pour ça. Certains auront peut-être du mal à l'entendre, mais je crois qu'il était beaucoup trop pacifiste pour s'engager sous les drapeaux.

Quentin se cherchait. Professionnellement mais surtout spirituellement. Il avait besoin de réponses à donner sur le sens de l'existence. C'est donc vers la religion qu'il s'est tourné. Une religion avec autant de préceptes que l'islam ne pouvait que le séduire. Faire ses cinq prières dans la journée à heure fixe, ce n'était pas une contrainte pour lui. Au contraire, puisque cela lui offrait une assise quotidienne. Pour lui, c'était juste normal. Il s'épanouissait dans une pratique monacale. Tout en ayant une vie à l'extérieur, en continuant – dans un premier temps – à fréquenter sa copine, à sortir au cinéma, il s'impliquait dans sa nouvelle religion avec le souci permanent d'accomplir ses actes de manière pure et complète. Un jour, sa grand-mère maternelle lui avait demandé s'il aurait pu être moine et il avait acquiescé. Mais il voulait créer une famille, avoir des enfants, ce qu'un engagement dans la vie monacale interdisait.

Dans sa nouvelle pratique, Quentin cherchait à obtenir l'adhésion de ses proches. Il ne s'est jamais montré prosélyte, il n'a jamais tenté de nous convertir mais il voulait qu'on approuve sa démarche. Qu'on comprenne combien la quête de vérité dans laquelle il s'était engagé était importante à ses yeux. Au départ, tant qu'il développait ses propres arguments, on pouvait l'entendre. Même si c'était particulièrement difficile pour Yannis, qui se définit comme athée. « Si tu me dis que croire en Dieu, c'est aimer ses parents, faire du bien autour de soi, rendre service, faire preuve d'humanisme, alors je crois en Dieu. Mais si ça signifie faire cinq prières par jour, alors je ne te suis plus », lui disait-il. Rapidement, j'ai bien vu que les deux frères n'arrivaient plus à se comprendre sur ce terrain-là.

Avec Thierry, on s'est efforcés de multiplier les échanges avec Quentin. Il nous avait tu ses interrogations, mais on était bien décidé à en savoir plus sur les ressorts de cet élan spirituel. On voulait connaître ses motivations intimes. En fait, on a découvert que l'existence de Dieu lui était apparue comme une évidence quasi scientifique. Nourri de ses études de kiné ou d'anatomie en STAPS, il me disait : « Regarde, maman, comme le corps humain est bien fait ; ce n'est pas possible que Dieu ne soit pas derrière tout ça ! » Il y croyait dur comme fer. Tout comme la création du monde : il était persuadé qu'elle était l'œuvre de Dieu.

En réalité, comme pour de nombreux croyants, ça le rassurait de penser ainsi. C'est ce qu'il explique en préambule de la longue lettre qu'il a adressée à mes parents dans le courant de l'année 2013 pour leur expliquer sa conversion, cet événement qui, dit-il, a « changé [sa] vie » : « J'ai toujours cru en Dieu, en un être supérieur qui veillait sur nous », écrit-il. Il a pris la plume parce qu'il redoutait leur réaction. Il avait le sentiment, pas forcément usurpé, que la religion musulmane n'avait pas bonne presse et il craignait de les effrayer. Plutôt que de leur annoncer de vive voix – sa première intention –, il avait préféré coucher ses sentiments sur le papier. Il avait passé une nuit entière à rédiger sa lettre. Il me l'avait fait relire, mais je m'étais interdit de la retoucher pour ne pas pervertir sa pensée. Il s'est appliqué également parce qu'il attachait une grande valeur à l'opinion de ses grands-parents sur un sujet aussi sensible : « Vous m'avez transmis une culture religieuse et je vous en suis très reconnaissant », leur avoue-t-il notamment.

Pour justifier son choix de se tourner vers l'islam, il invoque donc en premier lieu la science : « L'éducation que j'ai reçue m'a permis de vouloir toujours remettre en cause ce qu'on transmet pour le comprendre et l'apprendre. De plus, j'ai toujours eu soif de vérité. Je suis passionné de sciences et j'ai du mal à apprendre un savoir sans le comprendre en profondeur. Je posais souvent cette drôle de question à maman : "Pourquoi nous sommes sur Terre ? Pourquoi nous sommes en vie ?" J'essayais d'y répondre en m'appuyant sur les sciences dures comme l'astronomie, mais les réponses étaient trop floues. »

La suite est plus problématique car, pour justifier son refus de s'inscrire dans la tradition catholique familiale, il évoque un livre complotiste facilement accessible sur Internet, *The Bible Fraud*[1], selon lequel le message de la Bible est altéré. « C'est à cause de ces éléments que j'ai commencé à m'éloigner du christianisme, car si Dieu existe et qu'il a fait descendre sa parole aux hommes sur Terre, je ne comprends pas pourquoi nous aurions le droit d'altérer son message si nous devons l'adorer et que sa parole est vérité », se justifie-t-il. Quentin avait l'habitude de nous dire que l'islam était la religion la plus récente chronologiquement. Ça lui tenait à cœur, car ça lui permettait de s'imaginer une religion dont le message était plus authentique, plus pur.

Un autre livre, qu'il ne cite pas dans cette lettre, l'a beaucoup influencé : *La Bible, le Coran et la science* de Maurice Bucaille[2]. Il m'en parlait régulièrement et je l'ai lu pour mieux comprendre. Son auteur français fut le médecin personnel de la famille royale saoudienne. Ce converti prétend que le Coran est le texte sacré le plus fiable scientifiquement, au contraire de la Bible notamment. Pas très convaincant. Ce n'est pas à proprement parler un livre fondamentaliste, mais j'ai rencontré une autre mère dont le fils est mort en Syrie et qui avait lu ce même ouvrage. Ça m'a évidemment troublée.

1. En français, *La falsification de la Bible*, paru en 2001.
2. Pocket, 2003.

Même si les formules sont alambiquées, on retrouve ce souci permanent d'authenticité dans sa lettre de conversion : « Étant scientifique, c'est par les sciences que j'ai voulu tester cette religion. On y trouve d'énormes miracles dans ses textes de révélations sur les phénomènes observés aujourd'hui qui ne pouvaient être observés avant, du temps de sa révélation. De plus, sa révélation est identique à celle que nous avons aujourd'hui, elle n'a pas été altérée par les hommes et a été préservée dans son intégralité. Ce point est crucial car je ne pourrais pas croire en la parole de Dieu qui doit être pour moi parfaite et vérité et ne doit pas être altérée, modifiée. »

Là encore, on retrouve son idéal fantasmé d'absolu et de pureté. Quentin regardait énormément de vidéos religieuses sur Internet. Or j'ai appris que l'une d'elles s'intitulait : « L'islam est la vraie religion. Voici les preuves… » Avec une mise en scène ridicule, sur fond de belles images, le narrateur dispense un discours simpliste et complotiste. Rien de violent mais une démonstration de nature à renforcer les croyances de mon fils. Et donc à l'égarer encore plus.

Dans son courrier, en voulant nous rassurer, Quentin joue aussi sur la corde victimaire à propos de la vision de l'islam dans la société : « Malgré le fait qu'elle[1] était montrée du doigt, je ne voulais pas

1. La religion musulmane.

me fier à ce que les gens disaient, mais je voulais la juger à sa source pour me faire ma propre idée. Surtout, je remarquais une énorme différence entre des amis de mon entourage qui pratiquaient cette religion en question et ce que les médias en disaient. La différence était comme si l'on passait du blanc au noir, du tout au rien. Les médias la blâmaient en l'insultant de religion barbare tandis que les pratiquants que je voyais étaient doux, généreux, patients, en aucun cas barbares. »

Je ne mets absolument pas en doute la sincérité de Quentin quand il prend la plume à ce moment-là. Il n'a pas encore été pris en main par les radicaux qui vont l'orienter vers une pratique dévoyée de cette religion. C'est d'autant plus cruel qu'il semble parfaitement au courant des risques.

« On me répète souvent de ne pas me faire laver le cerveau et qu'il y a beaucoup d'endoctrinement. J'en suis conscient, cependant comme je l'ai dit dans la lettre je ne veux pas apprendre en me référant à quelqu'un mais en me référant à la source de la religion qui est le Coran et la Sounnah[1] (la vie du prophète, paix et bénédiction soient sur lui). Ce que j'apprends, je le remets en question pour le comprendre et l'islam ne fait en aucun cas l'éloge de la guerre mais de la bonté envers les parents, envers les croyants comme les non-croyants et les autres

1. La pratique.

religions, incite à donner aux nécessiteux et surtout qu'elle ne peut être imposée. »

Comme s'il anticipait nos craintes, Quentin insiste sur le message pacifiste de sa nouvelle religion, en terminant sa missive par la sourate 5 verset 32 du Coran : « Quiconque tuerait une personne, c'est comme s'il avait tué tous les hommes. Et quiconque lui fait don de sa vie, c'est comme s'il faisait don de sa vie à tous les hommes. » « Vous pouvez voir qu'il n'y a rien de barbare dans ces récitations, mais de l'humilité et du repentant afin d'essayer d'être meilleur », conclut-il.

À l'époque, mes parents avaient accueilli cette conversion avec une certaine appréhension. Ils étaient un peu perdus, pressentant que ça n'augurait pas de jours très faciles. Leur première réaction a été d'aller voir le prêtre de leur village, dont ils sont proches. Un peu comme on allait autrefois rendre visite à son directeur de conscience. Ils avaient besoin de savoir s'ils devaient s'inquiéter, mais le curé les a rassurés. Il leur a dit qu'il n'y avait aucune raison de ne pas accepter cette conversion et que tant qu'ils aimeraient leur petit-fils, tout se passerait bien. À l'époque, on parlait certes de la guerre en Syrie mais le califat n'avait pas été proclamé par l'organisation État islamique et surtout on ne parlait pas comme aujourd'hui du phénomène des convertis radicalisés. Le contexte n'était absolument pas à la crainte. Et c'est pourquoi, comme nous, ils s'étaient accommodés de la décision de Quentin.

En ce qui me concerne, ce courrier m'avait plutôt rassurée. Il exprime clairement son souci de ne pas s'éloigner de sa famille et je ne voulais retenir que ça. Ça me suffisait. Or avec le recul, quand je la relis aujourd'hui, je réalise qu'il porte en germe nos tourments futurs. Il y a une forme de récitation dans la déclinaison de ses arguments et on devine déjà la force de ses convictions, même les plus discutables. D'ailleurs, selon le politologue et spécialiste du monde musulman Gilles Kepel[1], à qui je l'ai montrée lorsque nous nous sommes rencontrés, il s'agit d'une lettre typiquement salafiste. L'avenir nous l'a en tout cas prouvé.

1. Auteur de nombreux livres, dont *Terreur sur l'Hexagone, genèse du djihad français*, avec Antoine Jardin, Gallimard, 2015.

6

L'enterrement de Mamie Poussette

C'est l'un des premiers signes de la radicalisation de Quentin. Mais aussi l'un des plus marquants et des plus douloureux. En avril 2013, la mère de Thierry s'éteint. La fin de l'existence de « Mamie Poussette[1] », comme on l'appelait, a été éprouvante pour toute la famille, surtout pour Thierry qui s'est considérablement investi pour la veiller pendant un an. Il lui avait fait la promesse qu'elle n'irait pas en maison de retraite, et il s'est dévoué pendant plusieurs mois pour lui permettre de rester chez elle, à Rosny-sous-Bois. Il a mis sa vie entre parenthèses. Je sais que Quentin et Yannis en ont souffert. Nous avons tous souffert.

Ma belle-mère était atteinte d'une forme de sénilité qui la rendait très dure dans ses relations

1. « Poussette » car la mère de Thierry avait l'habitude d'appeler un des cousins de Quentin « Poussin ».

avec ses proches. Malgré le soutien indéfectible qu'il lui a apporté, elle ne ménageait pas Thierry. Même s'il passait des heures à son chevet, parfois plus de vingt heures au cours de la semaine, elle le rappelait cinq minutes après son départ pour lui demander de revenir. Un chantage affectif épuisant qu'elle a également exercé auprès de Quentin. Il allait régulièrement lui rendre visite, seul ou avec Jade. Quand il s'apprêtait à s'éclipser, elle lui tenait la main pour l'empêcher de quitter la maison. « Si tu pars, je vais mourir », menaçait-elle. Ce climat anxiogène n'était pas bon du tout pour Quentin. Il était très perturbé d'autant que c'était pour ainsi dire sa première confrontation avec la mort. Une fin qui n'avait rien de tranquille pour une personne qui avait beaucoup compté pour lui.

Quentin, qui n'a jamais connu son grand-père paternel, avait passé beaucoup de temps avec sa grand-mère. Elle venait très régulièrement déjeuner à la maison le dimanche. De son côté, elle n'hésitait pas non plus à organiser de grands repas ou à nous inviter à l'Opéra. Du temps où elle était en bonne santé, elle adorait les grandes tablées avec de la nourriture antillaise à profusion, des grandes marmites de riz créole. Il fallait que ça déborde. C'était une femme indépendante, très généreuse, dotée d'une personnalité exubérante, à l'américaine : télé dans toutes les pièces, musique à fond, Coca à table. C'était aussi une femme de tête qui pouvait se montrer autoritaire. Ce n'était pas une « mamie câlins » mais plutôt une « mamie cadeaux ». Et toujours dans la démesure.

Chaque fois qu'elle revenait des États-Unis où habitent ses deux plus grands enfants, elle était lestée d'immenses valises pleines de présents. Sans caricaturer, on peut dire qu'elle était à l'inverse de mes parents qui sont davantage dans la tradition rurale et chez lesquels on prend ses repas à heure fixe. Mais Quentin appréciait cette différence, qui était en quelque sorte le reflet de sa double culture franco-haïtienne. Ils avaient développé une belle relation et son attachement à sa Mamie Poussette était réel et profond. Sa mort, qui plus est au moment de son anniversaire, l'a profondément perturbé.

La maladie avait finalement été la plus forte et, en ce mois d'avril, l'heure est venue de lui dire adieu. Toute la famille se retrouve à l'hôpital pour une dernière veillée et l'accompagner jusqu'à son dernier souffle. Yannis est là avec sa copine. Quentin, aussi, est présent avec Jade. Malgré la tristesse, son départ est une forme de soulagement qui marque la fin de ses souffrances. L'atmosphère est sereine, propice au recueillement. Nous avons tous gardé un souvenir émouvant de ces derniers instants.

La mise en bière a lieu le matin de l'enterrement. Là encore, nous sommes réunis autour des frères et sœurs de Thierry. L'ambiance est lourde, évidemment. Je crois même que c'est la première fois que j'assiste à cette étape. Yannis m'accompagne, nous sommes venus ensemble. Quentin, aussi, est censé venir. Cette nuit-là, il a dormi chez Jade et doit nous rejoindre directement. Mais il ne se présente pas. Il n'a pas eu le courage et ça, je peux tout à fait le comprendre. C'est une étape symbolique importante mais qu'on ne peut imposer à personne. Quentin explique qu'il ne s'est pas senti capable. Rien de choquant à ça, personne ne lui en fait grief. En tout cas, cette absence n'annonçait pas ce qui allait se produire un peu plus tard.

En fin de matinée, nous avons tous rendez-vous dans une église de Montreuil-sous-Bois pour la célébration des obsèques. La famille est nombreuse, le parvis se remplit. Les plus proches s'étreignent. Des amis de longue date qui ne s'étaient pas vus depuis longtemps se saluent chaleureusement, bénissant la défunte de leur permettre de se réunir à nouveau, malgré les circonstances. Le bruit des cloches rythme les conversations. À voix basse, on s'échange des nouvelles, on se lamente sur sa pénible fin. On parle aussi de Quentin, dont l'annonce de la conversion a fait le tour de la famille. Sauf de Mamie Poussette à qui nous n'avions rien dit. De toute façon, son état de santé ne le permettait pas.

Alors qu'il est censé gagner l'église par ses propres moyens, Quentin tarde à arriver. Le temps passe, l'heure de la cérémonie approche, les bancs se garnissent progressivement, et toujours pas de Quentin à l'horizon ! Je le harcèle de messages, je veux absolument savoir où il est. Je commence à ne pas être à l'aise du tout. Thierry et ses frères ont agrippé le cercueil, je dois rentrer dans l'église. Je ne peux pas faire des allers-retours en permanence. De son côté, Yannis le bombarde de sms. Quentin finit enfin par répondre et explique qu'il s'est égaré en chemin en se trompant de rue à la sortie de la gare. Soit. Je suis disposée à le croire. Il s'est sans doute effectivement perdu. Un acte manqué.

La cérémonie a déjà débuté lorsque Quentin, en retard mais finalement à bon port, rallie l'église. Mais il refuse d'y pénétrer ! Ou plutôt n'ose pas rentrer dans ce lieu sacré, de peur de commettre ce que des fanatiques ont réussi à lui faire assimiler à un péché ! Cette scène aussi surréaliste que désespérante me sera racontée par Yannis qui retrouve son frère à l'extérieur. Il l'aperçoit à moitié caché, adossé contre le mur de l'église, en pleurs et frigorifié sous la pluie. Alors qu'il s'énerve de le découvrir ainsi dehors, Quentin baisse les yeux et bredouille des excuses. Il prétend qu'il ne peut pas rentrer, pas pendant que des gens prient et qu'il est désolé. Pendant un quart d'heure, Yannis, ulcéré, fait tout pour le convaincre, rien n'y fait. Yannis est en colère mais, il l'avouera plus tard, également très inquiet. Il a très vite conscience que c'est un tournant : celui où, pour la première fois, son frère a privilégié sa religion par rapport à sa famille.

À l'issue de la messe, je retrouve finalement Quentin. Je suis effrayée : il tremble de chagrin. Son frère lui prête son manteau. Il n'est pas dans son état normal, j'ai l'impression de le voir en transe. Il est incapable de se contrôler, de maîtriser ses émotions. Il est comme possédé, ou plutôt tiraillé entre de puissants sentiments contraires : l'amour qu'il portait à sa grand-mère d'un côté et le respect d'un pseudo-interdit religieux qu'un imbécile lui aura mis dans le crâne. On lui a fait croire que la représentation de la Trinité serait un blasphème et, à cause de cette croyance idiote, absurde, Quentin n'a pas assisté aux obsèques de sa grand-mère. Beaucoup de choses se sont passées depuis, mais cette fracture-là demeure encore aujourd'hui l'une des plus vivaces. Dans l'immédiat, malgré la colère, la sidération et la fatigue, je ne peux pas l'engueuler. Son père non plus alors que sa peine est encore plus grande. Nous devons faire bonne figure. On ne peut pas créer de scandale au beau milieu d'un enterrement. On ne peut pas encore le formuler à cet instant précis, mais nous réalisons tous les deux qu'une barrière a été franchie. Que le fossé d'incompréhension qui se creusait entre nous, encore contenu et souterrain, vient de jaillir à la surface.

Lors de l'inhumation au cimetière, Quentin va mieux. Il s'est ressaisi et nous accompagne. On se recueille face à la tombe en se donnant la main. À ce moment-là, il est vraiment parmi nous. Sans doute parce qu'il n'y a plus de dimension religieuse. Le midi, il assiste également au grand repas, où plus de cent convives sont réunis pour partager un plat de poulet à l'haïtienne. Il est là, il va mieux, mais sa détresse ne s'est pas totalement estompée.

On lui en a énormément voulu. Surtout Thierry. C'était vraiment trop dur pour lui d'accepter cette dérobade. Il lui en a souvent parlé, tentant de lui expliquer combien son attitude l'avait non seulement blessé mais aussi à quel point elle était inepte. Dans ces moments-là, Quentin baissait les yeux. Il respectait son père, mais son Dieu lui inspirait bien plus de crainte. Il s'excusait et répétait qu'il n'avait pas eu le choix, que rentrer dans une église pendant un office lui était absolument impossible. Ça mettait Thierry hors de lui : « Tu n'avais qu'à fermer les yeux et faire abstraction de tout ça pour au moins te recueillir avec ta famille », insistait-il.

Beaucoup plus tard, alors que Quentin était déjà en Syrie depuis plusieurs mois, j'ai demandé à Thierry de lui pardonner. De dire à Quentin qu'il ne lui en voulait plus afin qu'ils puissent, enfin, solder cet épisode. Il l'a fait et c'était important pour moi. J'avais besoin de savoir père et fils réconciliés.

Quelques mois après cette journée si triste, Jade nous a fourni des éléments de compréhension. Pour des raisons professionnelles, elle ne pouvait pas venir aux obsèques. Mais elle nous a raconté qu'en allant à l'église, Quentin avait reçu un appel téléphonique. Difficile de savoir qui de lui ou de son interlocuteur avait sollicité cet échange. Peut-être qu'en raison de sa nouvelle religion, il se sentait en détresse et avait cru bon de demander l'avis d'un « conseiller ». En guise de « conseiller », un gourou, oui, qui lui avait interdit de rentrer dans une église, lui faisant croire qu'il commettrait un péché à prier au sein de cette assemblée pourtant réunie pour célébrer la mort de sa propre grand-mère. L'injonction lui était donc venue de l'extérieur. Ça me paraissait impensable qu'il ait pu décider de lui-même d'agir ainsi.

À ce moment-là, la conversion de Quentin est encore récente, à peine six mois. Et pourtant, le processus d'endoctrinement a déjà débuté et commence à produire ses puissants effets ravageurs. Cet épisode est un signe tangible de radicalisation, c'est incontestable. Mais comment aurais-je pu imaginer que cet événement, aussi inquiétant soit-il, annonçait la Syrie ? Il est révélateur d'une pratique religieuse déviante, c'est certain. D'une pratique religieuse qui se durcit, là encore c'est une évidence. Mais le signe annonciateur de la Syrie, non !

7

Quentin, la proie idéale ?

Quentin avait-il le profil idéal pour devenir la proie de ceux qui l'ont manipulé ? C'est une question pernicieuse et lancinante que je ne peux m'empêcher de me poser. Car il y a au moins une chose dont je suis certaine dans toute cette histoire : mon fils ne s'est pas embarqué de lui-même, en pleine possession de ses moyens, dans cette impasse. Le Quentin que je connais, celui que nous avons élevé avec son père dans le respect des différences, des origines et des croyances d'autrui n'est pas le Quentin obtus et replié sur ses principes simplistes et dangereux, que nous avons vu se transformer sous nos yeux. Des hommes – j'ai peut-être tort, mais j'ai du mal à imaginer que des femmes aient pu tenir un rôle prépondérant dans ce processus – ont réussi à détruire son cerveau. À le fragiliser au point de l'empêcher, même physiquement, de rentrer dans une église pour dire adieu à sa grand-mère.

Je n'en veux pas à l'islam. Bien sûr, la dimension religieuse est prépondérante. Et les musulmans de France auraient tort d'imaginer qu'ils n'ont pas leurs voix à faire entendre sur le sujet. Parce que, même s'ils n'ont absolument pas à se sentir coupables de quoi que ce soit, c'est malgré tout au nom de leur religion que les barbares de l'organisation État islamique, et ces idéologues islamistes, fréro-salafistes, séduisent nos jeunes et les utilisent comme chair à canon. Une vision totalement dévoyée – l'islam est une religion de paix, la question ne se pose même pas pour moi –, mais une vision de leur religion quand même.

Il y a des passages violents dans le Coran, comme dans de nombreux autres textes religieux anciens. Tout est ensuite une question d'interprétation et de pédagogie, entre les mains de « savants » reconnus ou autoproclamés. Il faut pouvoir tomber sur les bonnes personnes capables de prodiguer un enseignement raisonnable, ce qui n'a pas été le cas de Quentin. J'ai l'habitude de le résumer ainsi : ce n'est pas l'islam qui m'a pris mon fils mais l'islam radical. Et je sais faire la différence entre les deux. Les semeurs de haine qui, dans notre pays, veulent exploiter les tourments de la zone syro-irakienne pour dénigrer nos compatriotes musulmans n'auront jamais ma voix. Ils ne récolteront au contraire que mon mépris.

Quentin est donc tombé sur ce que certains chercheurs appellent des « entrepreneurs de radicalité ».

Des gens capables de repérer des personnes dont ils perçoivent les forces et les faiblesses à exploiter. De le savoir, ça me met mal à l'aise. Parce que, pour être honnête, je n'aurais jamais imaginé que Quentin puisse ainsi tomber dans leurs filets.

Je l'ai déjà dit, Quentin avait pour habitude de s'engager à fond dans tout ce qu'il entreprenait, d'épouser totalement les causes qu'il embrassait. Je n'ai pas été surprise de son implication dans l'apprentissage de sa nouvelle religion. Mais je suis persuadée qu'il aurait très bien pu s'engager dans une tout autre voie pour assouvir sa quête d'idéal. Dans l'armée, comme je l'ai déjà suggéré. Ou bien dans l'action sociale.

À l'issue de ses études en STAPS, il avait d'ailleurs imaginé bâtir un projet sportif avec des enfants handicapés. Il avait une fibre sociale très prononcée. Je me souviens qu'on avait rencontré de nombreux conseillers d'orientation et cet aspect de sa personnalité était ressorti au cours des entretiens et des tests. Il aurait fait un bon assistant social, c'est certain. L'argent était loin d'être sa préoccupation première. Je lui avais ainsi offert le livre de Pierre Rabhi *Vers la sobriété heureuse*[1]. J'aurais adoré qu'il s'inspire de la philosophie humaniste de ce militant pour une agriculture raisonnée. Je pensais que sa vision du monde aurait pu séduire Quentin et son idéalisme. Et puis l'idée de le voir s'inscrire dans

1. Actes Sud, 2010.

les pas d'un musulman converti au catholicisme ne manquait pas de saveur. Mais la greffe n'a pas pris. Comme elle n'a pas pris avec le soufisme.

Quentin avait horreur de l'injustice. C'était un écorché, sensible aux malheurs du monde. Il avait par exemple été très marqué par le tremblement de terre en Haïti, notamment en raison des origines de son père. L'année de son bac, il avait organisé une grande quête à l'école et un spectacle pour récolter des fonds. Il avait lu un discours, ce qui n'était pas une mince épreuve pour un grand timide comme lui. On avait vu un reportage où les enfants en étaient réduits à lécher les murs pour manger du plâtre. Cette grande pauvreté l'avait profondément déstabilisé. Les premières images de la guerre en Syrie aussi l'avaient secoué, même si par la suite il n'en parlait jamais. Dans un tout autre domaine, il avait également été choqué par les scandales politiques. Les affaires Cahuzac ou DSK le dégoûtaient, surtout l'impunité morale dont pouvaient jouir ces responsables politiques.

Quentin aimait les choses et les gens droits. Il voulait être utile pour les autres et exercer une activité moralement satisfaisante. S'il avait rencontré quelqu'un de la Fondation Abbé-Pierre, il se serait engagé auprès d'eux. C'est ce qu'avait dit Nadia Remadna de la Brigade des mères de Sevran lorsque je l'ai rencontrée pour la première fois après *Charlie*, et ça m'avait touchée. S'il avait rencontré des militants de Greenpeace, il serait devenu militant écologiste. On aurait pu tout aussi bien le retrouver sur le site du barrage de Sivens, avec les militants qui se battent contre ce projet dans le Tarn. Il aurait pu assouvir ses penchants altermondialistes au milieu de tous ces gens instruits qui mettent leur vie entre parenthèses pour vivre en communauté. Mais, à Sevran et ailleurs, il a croisé des fondamentalistes qui l'ont attiré en lui faisant miroiter les mêmes valeurs : l'éthique, le bien, le mal, l'humanitaire…

Tout cela, je l'avais perçu. Je connaissais ses doutes et ses interrogations. Ses craintes et ses aspirations. Mais je pensais qu'il arrivait à s'en accommoder, à tracer sa route de jeune homme et d'étudiant en composant. Je ne m'inquiétais pas car il n'avait jamais craqué. Il ne s'était jamais rebellé et n'avait jamais montré le moindre signe de dépression. Il n'était pas cloîtré dans sa chambre, il continuait à avoir une vie sociale. Le dialogue n'était pas rompu et je crois même qu'il aimait vivre auprès de nous. Il n'a jamais demandé à quitter le cocon familial dans lequel il se sentait bien.

D'une certaine manière je le regrette parce que, s'il avait montré de tels signes objectifs de mal-être, je n'aurais sans doute pas réagi de la même manière. J'aurais été encore plus active que je ne l'ai été. Il avait des interrogations existentielles, il se posait des questions sur son avenir, c'est flagrant. Mais rien de suffisamment alarmant à mes yeux.

Yannis, lui, a une vision plus tranchée. Peut-être plus lucide, je n'en sais rien. Il a sans doute perçu des choses qu'une maman a moins de facilités à repérer. Selon lui, Quentin avait « tout pour se faire avoir ». Selon son grand frère, Quentin était à la fois influençable et perclus de doutes. Il souffrait d'un manque de confiance en lui, associé à une certaine timidité et à une peur panique de mal faire, qui pouvaient se traduire dans certaines de ces décisions.

Il m'a raconté des épisodes dont je n'avais pas connaissance. Comme, par exemple, ce jour où Quentin n'avait pas réussi un devoir de mathématiques. Il avait expliqué à son grand frère qu'il avait pourtant répondu à l'exercice mais que, saisi d'une incertitude sur la pertinence de sa démonstration, il avait préféré tout effacer et rendre une copie blanche plutôt qu'un travail potentiellement raté ! Une autre fois, Quentin n'avait pas osé envoyer un courrier à l'un de ses employeurs qui ne lui avait pas payé toutes ses heures de travail. Il avait promis de le faire, mais sa timidité et sa peur du conflit l'en avaient empêché.

Yannis insiste sur les angoisses de son petit frère. Il évoque ainsi ses cauchemars, même à l'adolescence, les nuits au cours desquelles il devait parfois le prendre dans ses bras pendant un quart d'heure pour le réconforter et calmer ses spasmes. Quentin avait effectivement un mauvais sommeil, il faisait aussi des crises de somnambulisme. J'avais pris l'affaire au sérieux, à tel point que je l'avais emmené chez notre médecin de famille. En fait, je craignais qu'il ne se drogue ou ne souffre d'une maladie psychiatrique... Mais rien de tout ça. Le docteur m'a précisé que c'était une question d'hormones liée à la croissance et que ça allait disparaître. Il lui a prescrit un traitement homéopathique.

Malheureusement Quentin a trouvé un autre remède que la médecine pour soigner ses crises d'angoisse, ses cauchemars. Il affirmait que, grâce à la religion, il ne se faisait plus attaquer par des esprits invisibles pendant la nuit, m'a relaté Yannis. Quentin était devenu effectivement très superstitieux. Je sais qu'il avait assisté à une *rokya*, c'est-à-dire une séance de désenvoûtement dans la religion musulmane. Ce n'était pas pour lui mais ça l'avait beaucoup impressionné. Il n'aurait pas dû y assister, j'imagine qu'il a dû en ressortir très perturbé. Ces cérémonies ne m'inspirent d'ailleurs rien de bien, et c'est devenu un business.

Selon Yannis, ces angoisses ont nécessairement rendu son petit frère vulnérable à la propagande et à la manipulation des islamistes radicaux. « Il passait son temps à justifier l'existence de Dieu, se souvient-il. Il avait peur que la moindre remise en question de cette existence vienne bousculer l'univers mental rassurant qu'il s'était construit. » Pour son grand frère, Quentin avait en réalité peur de Dieu. Une peur parmi tant d'autres : tomber dans la drogue, l'alcool, ne plus contrôler sa vie, ses passions... Mais il était persuadé que respecter Dieu pouvait l'absoudre de tous ses péchés et apaiser ses craintes. Et ce qui l'a séduit c'est le sens premier du djihad, le « grand djihad », c'est-à-dire un combat contre soi-même, en opposition au « petit djihad », armé et défensif.

L'analyse de Yannis me questionne. Il est convaincu que Quentin cumulait toutes les conditions pour basculer dans l'intégrisme religieux – la superstition, le manque de confiance en soi, le besoin de respecter les règles. Je ne serais pas aussi catégorique. Surtout, je ne dirais pas que Quentin était fragile. Je n'aime pas ce terme, beaucoup utilisé par les experts en déradicalisation qui considèrent qu'il y a nécessairement une faille chez ces jeunes, happés par les sirènes de Daech.

Je ne suis pas en train de me voiler la face, je suis consciente de ses difficultés et de ses prédispositions à pouvoir tomber dans cet engrenage de type sectaire, mais j'estime que fragilité est un mot trop péjoratif. Je préférerais parler d'hypersensibilité. Ce n'est pas qu'une simple question de sémantique ou une quelconque volonté de ma part de ne pas affronter la vérité. Je pense simplement que la sensibilité d'un être est autant une force qu'une faiblesse. Il aurait très bien pu en faire quelque chose de grand et généreux.

Ce qui me gêne le plus dans cette histoire de profil de jeune radicalisé, c'est l'impression que ça contribue à dédouaner les recruteurs. Comme si c'était le « profil » des victimes qui était responsable et non les manipulateurs prédateurs eux-mêmes. Alors oui,

Quentin avait sans doute potentiellement le « profil ». Mais il a surtout fait les mauvaises rencontres et cherché de mauvaises réponses. En lui faisant croire que tout ce qui n'avait pas de lien avec l'islam était un péché, ses nouveaux « amis » ont réussi à le transformer. Peut-être même au-delà de toutes leurs espérances, comme les mois qui ont suivi l'ont prouvé.

8

L'engrenage

L'épisode de l'enterrement de Mamie Poussette n'est que le premier d'une longue série de renoncements et de décisions absurdes de la part de Quentin. Une fuite en avant à laquelle j'assiste sans jamais rester passive, mais avec le sentiment éreintant de me battre contre plus fort que moi. Contre un adversaire redoutable, capable d'empêcher un petit-fils de dire adieu à sa grand-mère chérie, mais qui, encore aujourd'hui, demeure invisible. Un ennemi tapi dans l'ombre qui a fait plonger mon fils dans l'endoctrinement sectaire. Le processus d'emprise sera progressif et inexorable.

En juillet 2013, trois mois après l'enterrement de Mamie Poussette et plus d'un an avant son départ, nous sommes conviés à célébrer le mariage d'une de mes nièces. La fête se déroule dans la Drôme, près de Montélimar. Il fait beau, c'est l'été et l'atmosphère est propice à la détente. Un *dress code* coloré a été retenu : tous les invités doivent porter du rouge ou du jaune. Nous avons évidemment joué le jeu. J'avais confectionné deux jolis bandanas jaunes pour Quentin et Yannis. Une photo où nous apparaissons tous les quatre immortalise la scène. Quentin est souriant.

Devant l'église, il va pourtant nous jouer la même triste partition. Il refuse de pénétrer à l'intérieur. Pour se justifier, il prétexte un profond mal de ventre. On est même allés à la pharmacie chercher des médicaments.

Je crois qu'il avait vraiment mal au ventre mais pas pour des raisons cliniques. Son incapacité à entrer dans l'église le mettait très mal à l'aise, jusqu'à provoquer ces crampes d'estomac. Il était très partagé ; au fond de lui, je suis convaincu qu'il avait envie de venir. Parce que c'était sa famille, parce qu'il aimait ces moments de joie et de communion. Mais il était soumis à des vents contraires, à des injonctions de fuite. Il est donc resté pendant tout le mariage devant l'église, en faisant parfois de timides allers-retours pour jeter un œil à la cérémonie. Un va-et-vient comme un symbole : celui d'un converti en mal de repères, tiraillé entre la fidélité à ses origines et celle à ses nouveaux maîtres à penser.

Le malaise et l'ambigüité ont été palpables tout au long du week-end. Après la messe, il était beaucoup plus détendu. Il s'amusait sur les photos, n'hésitant pas à faire le pitre, fidèle à son image de gamin facétieux. Il était heureux de revoir sa cousine, son mari avec lequel il était complice, de profiter du beau temps et du grand air. Mais, le soir, il n'a pas dansé, lui qui savait pourtant si bien mettre le feu sur la piste. Il était comme absent, il a même passé une bonne partie de la soirée à dormir dans la voiture, prétextant la fatigue de la route. On sentait qu'il se retenait de s'amuser, à rebours de son tempérament naturel. J'avais l'impression qu'il se forçait à adopter une espèce de rigueur morale qui n'était pas compatible avec cette ambiance de fête. Sa copine Jade n'avait pas pu l'accompagner à cause de son travail, pourtant ce n'était clairement pas la raison de son mal-être. Il s'interdisait de profiter de cet instant joyeux et ça m'a sérieusement inquiétée. Je savais que ce n'était pas bon, qu'il agissait contre-nature.

C'est à ce moment-là que j'ai commencé à multiplier les sollicitations pour tenter de mieux le comprendre et de l'aider. Je persistais à croire que ça lui passerait. Parce que le dialogue avec lui n'était pas rompu. Même si les échanges n'étaient pas toujours satisfaisants, il ne me rejetait pas. Je ne suis pas certaine d'avoir été entendue, mais j'étais au moins écoutée. Et je pensais surtout qu'il finirait par retrouver une pratique de la religion plus saine, plus équilibrée. Je me disais qu'il traversait en quelque sorte le syndrome du converti : vouloir en faire toujours plus, se plier aux dogmes les plus rigoristes pour prouver son engagement dans une foi qui, au départ, n'était ni la sienne ni celle de l'univers dans lequel il avait grandi. C'est un phénomène très classique, largement répandu. De plus, Quentin nous avait toujours habitués à être à fond dans tout ce qu'il faisait. Il était passionné mais capable aussi d'une forme d'entêtement. Ce n'était donc pas si surprenant de le voir emprunter ce chemin de l'intégrisme.

Je demeurais donc confiante de le voir revenir à de plus sages considérations. Après tout il avait une copine super, qui allait le ramener à la raison. Et la vie à la maison n'était pas sinistre. On était justement en pleine période de réflexion pour réaménager notre foyer. On avait de grands projets de travaux : abattre des cloisons pour agrandir le salon, construire une véranda pour profiter du jardin, percer une grande fenêtre dans le toit de la cuisine pour faire entrer la lumière. On rêvait de nouveaux espaces devant de grandes feuilles de papier. Chacun y allait de son plan, y compris Quentin qui n'était pas le dernier à faire part de ses réflexions et de ses envies. Il était à fond avec nous.

Malgré son investissement dans ce beau projet, il éprouvait une certaine réserve. Il n'était pas du tout à l'aise avec la nécessité d'emprunter de l'argent pour le financement de ces coûteux travaux. Si l'on se fie à une lecture stricte des textes, la religion musulmane proscrit le crédit et les taux d'intérêt. Dans cette acception, le prêt n'est pas licite. Pour nous, ça ne posait aucun problème de faire appel à la banque. C'était même une obligation puisque nous n'avions absolument pas les fonds pour financer les travaux. On avait décidé de se faire plaisir et les frais à engager étaient supérieurs à nos premières estimations. Mais qu'importe, on avait envie de faire un petit effort, le prêt de la maison étant fini d'être remboursé.

Quentin était très perturbé par ces dépenses. Il trouvait que c'était trop cher. « Pourquoi vous allez dépenser cet argent que vous n'avez pas ? » nous demandait-il. Il était sincèrement mal à l'aise. Là encore, je pensais que ça allait lui passer. Qu'il se rendrait bien compte, lorsqu'il serait installé chez lui, qu'emprunter de l'argent était indispensable. Ne serait-ce que quand il voudrait acheter une voiture par exemple. Malgré sa réserve, il nous a beaucoup aidés lorsque le chantier a débuté. Il a largement participé à l'effort, faisant notamment beaucoup de peinture avec son père.

Avec le recul, j'ai réalisé que cette gêne face au crédit était un autre signe de son intégrisme croissant. Mais c'est un symptôme que je ne percevais pas comme tel. Personne ne m'avait alertée sur le sens potentiellement inquiétant de cette attitude. Je sais maintenant que cela peut être considéré comme un indicateur de radicalisation. C'est une anecdote qui, mise bout à bout avec les autres, est assez révélatrice. C'est toujours beaucoup plus facile de reconstruire le puzzle a posteriori.

Quentin a également progressivement modifié son rapport au corps. Inscrit dans un club de foot depuis son plus jeune âge, c'était un habitué des vestiaires collectifs et des douches en commun. Pendant son enfance et son adolescence, il n'avait aucun problème à évoluer dans cet univers où la nudité s'expose naturellement. Avec sa conversion, il a commencé à cacher son corps, comme bon nombre de musulmans le font. Je ne juge pas, je constate seulement que Quentin avait à nouveau embrassé sa nouvelle religion dans tous ses aspects. Le week-end du fameux mariage de sa cousine, nous sommes allés nous baigner en famille à la mer. Yannis avait loué une planche de surf pour l'occasion. Mais Quentin a refusé de se mettre torse nu et en maillot de bain court. Il a préféré se baigner couvert, avec un long short et un maillot de foot sur les épaules ! Il ne voulait absolument pas montrer son ventre. Il m'a dit : « Maman, je ne peux plus me baigner en maillot de bain. L'islam enseigne la pudeur aux femmes mais aussi aux hommes. »

C'était la première fois qu'on allait à la plage depuis sa conversion, donc on ne s'y attendait pas. On lui a dit que c'était ridicule. Il ne fuyait pas la discussion, mais nos arguments n'avaient aucune prise sur lui. Impossible de le faire changer d'avis, il n'arrêtait pas d'invoquer la pudeur. C'était devenu son slogan. Comme toujours, il avait le souci de pratiquer l'islam de la manière la plus authentique possible et rien ne pouvait le faire dévier de ses convictions, même les plus farfelues. On l'a mis face à ses contradictions mais que pouvions-nous faire d'autre ? Le laisser en plan sur la plage et l'abandonner ? Évidemment non. On a pris sur nous et, le soir, on est allés au restaurant, on a passé une bonne soirée, en tentant d'oublier cet épisode. J'étais quand même déstabilisée. Ça me faisait toujours cette impression du chaud après le froid.

On a encore franchi un autre palier quatre mois plus tard, en novembre 2013. Les frères et sœurs de Thierry avaient organisé une soirée musicale en hommage à leur maman disparue. Le concert avait lieu au New Morning, un célèbre club de jazz parisien à l'ambiance cosy très sympathique. Or, pour la seconde fois après l'enterrement, Quentin a refusé de participer à un événement en mémoire de sa Mamie Poussette. Il assimilait la salle de spectacle à un lieu de perdition. Pour lui, un lieu qui passe de la musique et qui vend de l'alcool était devenu impossible à fréquenter… Cette fois, son père et moi nous étions fâchés : on lui avait quasiment intimé l'ordre de venir, ne serait-ce que pour embrasser ses oncles. Je ne lui demandais pas de prendre de l'alcool, mais simplement de venir. Rien à faire. Impossible de négocier. Il était inflexible. C'est terrible. Une nouvelle fois, son père lui en a beaucoup voulu.

Ce nouveau point d'achoppement s'inscrit dans le cadre d'un abandon encore plus triste, celui de sa pratique de la musique en général. Alors qu'il avait commencé le piano, enfant, avec sa prof particulière, il a progressivement cessé de faire glisser ses doigts sur le clavier. Ceux qui l'ont embrigadé ont réussi à lui faire croire que la musique n'était plus licite. Au début, il hésitait à le justifier d'une manière aussi abrupte et définitive. Il n'était peut-être pas encore complètement radicalisé. Puis il a fini par expliquer que ça l'éloignait de Dieu, qu'il s'agissait d'une activité futile, que ce n'était pas indispensable à sa vie et certainement plus une priorité. Quelle tristesse et quel choc de l'entendre proférer de tels arguments ! C'était encore plus incompréhensible pour Thierry qui en a fait sa vie et qui considère, bien au contraire, que la musique est sacrée. Quentin lui-même, lorsqu'on l'avait emmené à New York à l'hiver 2009, pleurait dans les églises de Harlem en écoutant du gospel. On sentait qu'il était transporté par l'émotion, la puissance et la sacralité de ces chœurs. Comment, après ça, oser prétendre que la musique est un péché dont la pratique peut vous exposer aux pires châtiments ? Ça en dit long sur la puissance de la capacité de persuasion de ces radicaux qui ont réussi à inculquer de telles bêtises dans son cerveau encore malléable. C'était d'autant plus difficile à supporter dans notre famille où l'art, et la musique en particulier, possède une telle importance.

9

La radicalisation au quotidien

La transformation de Quentin est progressivement devenue un défi du quotidien. Il n'essaie pas de nous imposer son dogme mais ses choix influencent de plus en plus notre vie en société. Dès lors, on ne va plus cesser d'alterner périodes de tension et d'apaisement. On évolue au rythme de la radicalisation de sa pratique. Car, même si on ne cède pas sur nos valeurs, même si on continue à dialoguer pour tenter de lui faire prendre conscience qu'il fait fausse route, son comportement se révèle toujours plus problématique.

Dans sa volonté de respecter un islam prétendument pur et parfait, conforme aux préceptes et à la vie du Prophète, Quentin allonge sans cesse la liste des interdits et des privations. En apparence, il ne réclame aucun traitement de faveur. Le jambon a toujours droit de cité dans le réfrigérateur – il n'est absolument pas question pour nous de le faire disparaître –, ça ne le dérange pas. Ou du moins il fait mine de ne pas s'en émouvoir et de s'en accommoder. Évidemment, alors qu'il adorait le saucisson, il n'en mange plus mais, là, c'est totalement légitime pour n'importe quel musulman. Parfois, sans qu'il le réclame, pour lui faire plaisir et surtout pour qu'il continue à manger des protéines, je lui prépare de la viande halal. Avec tout le sport qu'il fait, il faut qu'il puisse tenir le coup. Je crois qu'il y est sensible tout en m'assurant que ce n'est pas nécessaire, que je ne dois pas me casser la tête pour lui et que s'il ne mange pas de viande ce n'est pas grave. Il est conciliant et c'est plutôt de nature à me rassurer. J'ai l'impression qu'il est encore un peu flexible et tolérant.

C'est en revanche toujours aussi compliqué pour lui de faire cohabiter sa religion avec les rites du catholicisme. Le blocage est total. Et frise même le ridicule. Ainsi, nous organisons le repas de Noël 2013 à la maison. C'est aussi l'occasion de pendre la crémaillère après la fin des travaux. La maison est transformée, beaucoup plus spacieuse et lumineuse. Grâce aux nouveaux aménagements, on dispose enfin d'un grand salon qui permet d'accueillir vingt-cinq personnes. Seule ombre au tableau : l'absence de ma mère, hospitalisée. Mon père est resté à son chevet. C'est le premier Noël que nous célébrons sans eux et cela nous attriste forcément. Thierry est aux fourneaux. Il prépare une dinde à la bière, qui a mariné pendant toute la nuit. Il prépare aussi deux chapons, dont un halal pour Quentin.

Toutes les conditions sont réunies pour passer une bonne soirée. Mais d'emblée, ça part mal. Alors qu'il la connaît depuis son adolescence, c'est ce jour-là que Quentin refuse de faire la bise à Valérie. Yannis et elle sont ensemble depuis près de dix ans, elle fait complètement partie de notre famille. Et puis qu'importe, elle pourrait être une étrangère que ça ne changerait rien : comment peut-il d'un seul coup refuser de faire la bise aux femmes ? C'est à peine croyable ! Quentin s'excuse mais assure qu'il ne peut pas faire autrement, que sa religion l'interdit. À juste titre, Yannis est le plus en colère. Il vit cette décision comme un affront. Il est particulièrement remonté, ne le cache pas à son frère, mais c'est Noël et la tension retombe.

La suite est au moins aussi triste. Alors que nous sommes tous affairés aux derniers préparatifs, Quentin nous annonce tout de go au milieu de l'après-midi qu'il ne peut pas assister au repas. « Je vous laisse fêter ça et je reviens demain », assure-t-il posément. Noël étant une fête chrétienne, il considère qu'il ne peut pas y participer. Cette fois, il dépasse les bornes. Le réveillon est une tradition très ancrée dans notre famille. Ce Noël est en plus très particulier puisque mes parents sont absents. Thierry se fâche. En plus de la symbolique familiale, il lui rappelle que ce repas est, chez nous, déconnecté de la célébration de la naissance du Christ. D'ailleurs, ajoute-t-il, Noël correspond ancestralement à une fête païenne, celle du solstice d'hiver. Quentin baisse les yeux sans piper mot, l'autorité naturelle de son père lui fait peur. Mais ça ne suffit pas pour le faire changer d'avis. Finalement, il annonce qu'il part demander conseil. « À qui ? » lui demande son père. Quentin s'éclipse sans répondre.

Nous sommes abasourdis. Son départ nous plonge dans un abîme de réflexions. On se doit de continuer à préparer le repas, or notre esprit est largement préoccupé par cette péripétie. On attend qu'il revienne. Trois heures plus tard, il réapparaît sur le seuil de la maison. Les invités ne sont pas encore arrivés. « J'ai l'autorisation de rester, car je dois respect à mon père et ma mère », annonce-t-il. Après la soumission à Dieu, ce serait même le premier commandement à respecter, ajoute-t-il. Qui lui a donné un tel conseil ? Un imam ? Un « copain » ? Impossible de le savoir.

À moins que l'enquête judiciaire ne le révèle, nous ne saurons jamais où il s'est rendu pendant ces trois longues heures, ni qui il a rencontré à Sevran. Sans doute l'un des radicaux qui l'ont manipulé pour en faire ce qu'il est devenu. Voilà en tout cas Quentin de retour parmi nous pour Noël. Peut-être que son mystérieux référent lui a conseillé de revenir uniquement pour nous rassurer et éviter que nous devenions trop intrusifs. On peut tout imaginer : l'art de la dissimulation est enseigné par les fondamentalistes. Nous décidons en tout cas de provisoirement garder ce scandale pour nous. Personne n'avait envie que Quentin se retrouve au centre de l'attention pendant tout le réveillon.

Peine perdue puisque la mascarade ne s'arrête pas là. Quentin est bien présent mais il faut désormais négocier pour le vin ! L'alcool est devenu pour lui un repoussoir. Un tabou avec lequel il est quasiment impossible de composer. Toutefois pas question pour nous de renoncer à boire une bonne bouteille, encore plus pour le réveillon. On garnit donc la table de plusieurs bouteilles. Immédiatement, Quentin se fige. Nous ne trouvons pas d'autre solution que de l'installer sur une autre table, spécialement dressée pour mes petits-neveux… Une table pour enfant – tout un symbole de sa régression mentale – mais sans alcool… Et il tourne volontairement le dos à notre tablée pour ne pas voir la bouteille. Son blocage va même jusqu'à la simple vision du flacon ! L'expression « s'éloigner de la boisson » prend avec lui tout son sens littéral.

C'est le paradoxe de cette période : Quentin accepte le porc dans le frigo, mais ne supporte pas la vision d'une bouteille de vin. Les autres membres de la famille sont stupéfaits. Ils constatent les extrémités auxquelles nous sommes arrivés. Cela ne leur plaît pas, certains questionnent Quentin qui répond toujours calmement, sans jamais changer d'avis. Et comme on ne veut pas le perdre complètement, comme on préfère malgré tout l'avoir sous notre toit, même en tournant la tête à l'alcool, plutôt que seul ou pris en main par n'importe qui, on ne fait pas d'esclandre… Était-ce la bonne solution ? Je n'en voyais pas d'autre.

La soirée se passe finalement bien jusqu'à un dernier problème. Quentin refuse de recevoir son cadeau le soir même. Noël ne représentant rien pour lui, il refuse de se plier à la tradition. Tout comme il ne souhaitait plus fêter son anniversaire au prétexte que « le Prophète ne célébrait pas son anniversaire ». Il ouvrira son paquet seul dans sa chambre.

Le lendemain midi, Quentin semble plus détendu. Il participe tranquillement au déjeuner, même quand son oncle sort une bouteille de vin rouge pour le fromage. Est-ce qu'il ne l'a pas vue ? C'est probable. Ou bien peut-être, pour une fois, prend-il sur lui pour rester auprès des siens ? C'est assez incompréhensible. Et ça n'aide pas à poser un bon diagnostic.

Nous avons finalement révélé la teneur de l'incident de la veille. Au cours du repas, une de mes sœurs engage le dialogue avec Quentin. Elle veut l'entreprendre sur sa radicalisation. Elle n'aborde absolument pas la perspective d'un départ en Syrie – personne ne pouvait concevoir une telle issue à ce moment-là –, mais elle s'inquiète de le voir progressivement basculer dans l'intolérance. Elle a très peur qu'il s'isole. Tout le monde voyait bien qu'il devenait de plus en plus intégriste. Bien qu'étant farouchement anticléricale, ma sœur agit avec beaucoup de tact. Elle insiste pour qu'il ne confonde pas superstition et religion. Il est attentif. Mais ça ne l'ébranle guère.

Le « cirque » s'est poursuivi quand on a fêté la nouvelle année avec mes parents, en février 2014. Ma mère était remise sur pied et on a organisé un repas de Noël de rattrapage à la maison pour qu'ils puissent enfin voir le résultat des travaux. Cette fois, on est en comité restreint : Thierry et moi, Yannis et Valérie, mes parents et Quentin. Comme c'est un samedi, Quentin part au travail. Il nous invite à prendre l'apéritif en attendant son retour du soir.

À son arrivée en début de soirée, il a l'air ravi de retrouver ses grands-parents. J'avais préparé une grande raclette avec pas mal de choix : du poisson, du jambon, de la viande des Grisons. Tout se passe bien lorsque Yannis annonce qu'il va sortir une bonne bouteille de saint-émilion. D'un seul coup, Quentin pâlit. Il se transforme physiquement, devient blême, a les mains moites. On voit bien qu'il ne sait pas comment réagir. Mais, même face à ses grands-parents, il se cramponne à ses obsessions et prévient que, dans ces conditions, il ne peut pas s'asseoir à table. Je tente de le raisonner comme on parle à un petit garçon, en lui disant qu'on va mettre la bouteille du côté où il ne se trouve pas. Et puis je le gronde, toujours comme un garçonnet, parce que ça commence à suffire ces histoires ! Rien à faire, il est prêt à remonter dans sa chambre et à ne réapparaître que pour le dessert. On se regarde tous dans un grand silence. Yannis en a presque les larmes aux yeux.

Mais Quentin ne se démonte pas. Il s'engage même dans un débat pour tenter de se justifier. Il dit qu'il a sa vérité. Il invoque des raisons de santé publique, en insistant sur les dangers de l'alcool. « Si je vois quelqu'un boire du vin, c'est comme si j'étais à côté d'un héroïnomane qui est en train de foutre sa vie en l'air et que je ne réagis pas », affirme-t-il en dépit du bon sens. Il s'est placé sur le terrain de la morale et des principes, et il est incapable d'entendre le moindre argument rationnel. Il est également pétrifié par la peur : il s'est persuadé que la consommation d'alcool entraîne nécessairement le cancer de la gorge, que c'est prouvé scientifiquement. On est en colère mais Yannis finit par céder : « On va enlever la bouteille parce que je ne veux pas gâcher les retrouvailles avec papi et mamie, mais je te préviens que c'est la dernière fois parce que là, ça va trop loin », lui balance-t-il. Quentin se rassoit finalement à table, dans un silence lourd et pesant.

On essaie de repartir sur de bonnes bases, en parlant de tout autre chose. À la fin du repas, Yannis et sa copine se lèvent et s'installent sur le canapé, dos à la table, pour boire leur verre de vin. Quentin se tait. Il ne part pas. On a l'impression d'assister à un bras de fer. C'est superviolent. Et c'est épuisant.

Ce n'est pas un hasard si je commence la rédaction d'un journal intime à ce moment-là. C'est la preuve que je ressens le durcissement de la situation. Le profond désarroi que provoque en moi cette scène se traduit dans mes états d'âme. Voici comment je décrivais cet incident à l'époque : « Je m'étais juré de ne pas céder, de continuer à vivre normalement mais j'ai dû, on a dû, plier, choisir entre lui et le plaisir de Yannis et des autres. C'est terrible comme choix ! On a dit à Quentin que ce n'est pas tolérant de demander aux autres invités de ne pas boire pour satisfaire son exigence, sa soumission à Dieu. Être à côté de gens qui boivent un peu de vin fait-il de lui un pécheur ? Ne pas se laisser tenter, c'est bien, cela ne suffit-il pas ? Que craint-il ? Le châtiment ? la peur d'être contaminé ? Ne serait-il pas meilleur croyant et pratiquant s'il acceptait les autres, même dans leurs faiblesses ? Faire plaisir aux autres, c'est important aussi. » Je suis en train de me rendre compte que je vais désormais devoir négocier sur tout. Cela m'attriste autant que cela m'effraie.

Le lendemain de cette soirée houleuse, la tension est retombée d'un cran. Quentin et Yannis se sont réconciliés, ils partent faire du sport ensemble. À son retour, Quentin et mon père entament une discussion théologique sur la vie des prophètes. C'est un sujet qui passionne Quentin. Il file dans sa chambre chercher ses ouvrages sur le sujet. En l'occurrence des livres tout à fait neutres, plutôt à destination des enfants avec des dessins et une évidente volonté de vulgarisation. Il a dans sa bibliothèque des livres plus subversifs, je le découvrirai bien plus tard, mais ce n'est pas ceux-là qu'il apporte.

L'après-midi, on opte pour une grande balade dans les bois. Quentin est vraiment heureux de nous accompagner, ça se voit sur son visage. Il donne le bras à son grand-père. Au détour d'un sous-bois, il marque une pause : il souhaite s'isoler pour faire sa prière. Je réagis parce que, même si je respecte sa volonté, je trouve ça dommage de briser ce joli moment de communion familiale. Selon moi, il peut très bien faire sa prière plus tard. Il m'écoute, mais je vois bien qu'il tique. Il est gêné aux entournures et m'assure que c'est mieux de le faire à la « bonne » heure vis-à-vis de Dieu. Comme s'il était entré dans un système comptable, avec des bons points à glaner pour faire plaisir à Dieu. Il s'isole donc quelques minutes derrière un arbre pour psalmodier.

Je ne veux pas en rester là. À son retour, je lui demande de partager avec son grand-père et moi ses prières, de les réciter à haute voix. L'initiative lui plaît, il entonne un joli refrain. Ça ressemble à un chant grégorien. Mon père acquiesce lui disant que c'est beau et, à mon tour, je chante l'invocation à Patanjali en sanscrit, très beau mantra que l'on récite au yoga. C'est un beau moment. En agissant ainsi, je veux lui montrer qu'on peut tout à fait respecter ses croyances sans porter de jugement.

Nos efforts pour lutter contre son isolement progressif sont malheureusement de plus en plus vains. Plus aucun domaine ne semble échapper à cette emprise. Au mois de mars 2014, par exemple, nous sommes absents un week-end et donc dans l'impossibilité de participer au premier tour des élections municipales. On demande naturellement à Quentin de prendre notre procuration, il refuse. Il prétend que le vote n'est pas licite. Il assure que voter, c'est soutenir un système en contradiction avec la religion. C'est la première fois qu'il mêle la politique à ses arguments religieux. On essaie de le raisonner. On lui parle d'un geste républicain. On lui dit que, s'il veut s'opposer à quelque chose, il lui suffit de voter blanc. Et puis, de toute façon, il ne s'agit même pas de son propre bulletin mais du nôtre. Rien à faire. Plus tard, lors de la perquisition, les policiers trouveront dans sa chambre un tract avec ce titre révoltant : « Protège ta foi, ne vote pas. »

Au mois d'avril, il franchit une autre étape, autant physique que symbolique. Il décide de se faire circoncire. C'est vraiment pour lui indispensable. Sa décision est irrévocable, alors on tente de l'accompagner, de se renseigner sur les différentes cliniques, sur les prix pratiqués. Il refuse qu'on l'emmène le jour J. C'est son copain Ilan*, qui sera mis en examen dans l'enquête judiciaire ouverte après son départ, qui l'accompagne. Quentin est arrêté une semaine après son opération, il souffre en silence et refuse même de prendre des antalgiques. Dans mon carnet intime, je m'interroge : « Ça le rend heureux. Mais est-ce bien nécessaire de se faire mal pour la religion ? »

Sur le plan professionnel, sa démarche a également des conséquences. Alors qu'il est passionné de sport et qu'il souhaite même en faire son métier, il abandonne son job chez Decathlon au début de l'année 2014. J'ai la conviction qu'il a démissionné car il ne pouvait pas faire ses cinq prières à la « bonne » heure. Sa copine Jade me confiera plus tard que c'était aussi à cause de la musique diffusée dans le magasin.

Il trouve un nouveau travail qui ne nous plaît pas beaucoup : vendeur de *qamis* – cette longue tunique portée par les pieux musulmans – dans une échoppe de Saint-Denis. Son univers professionnel se confessionnalise à son tour et il n'y aura bientôt plus qu'à la maison qu'il ne baignera plus dans cette atmosphère. Notre foyer reste laïc et Quentin n'enfile sa propre *qamis* que lorsqu'il part travailler ou à la mosquée le vendredi. Un souvenir me revient en mémoire : je l'aperçois un matin s'en aller au boulot sur sa trottinette avec sa longue tunique. Une vision complètement absurde et anachronique. J'en avais presque ri.

Après avoir, pour mon plus grand soulagement, abandonné ce job de vendeur, il était devenu chauffeur VTC. Une profession indépendante qui permet d'adapter son activité à sa pratique religieuse et donc de respecter les horaires de prière. Il était très fier de conduire une belle voiture. Il avait même envoyé des photos à son frère où il apparaît en train de poser au volant de son véhicule. Moi je retiens surtout que son binôme, l'autre chauffeur avec lequel il partageait la voiture, s'avèrera être l'un de ses compagnons de voyage vers la Syrie. Sylla a embarqué dans le même avion que Quentin. Il a connu la même fin tragique.

10

Quentin et les femmes

La radicalisation de Quentin a eu des conséquences dans un domaine particulièrement intime, celui de sa relation avec les femmes. Malgré sa timidité, je crois qu'il était relativement à l'aise avec les filles. Ce n'était pas un séducteur, il était bien trop droit pour ça. Mais il avait du succès. Il était plutôt beau garçon, très musclé et attentionné. Dans la cour de récréation, on dit que les filles s'alignaient pour le regarder jouer au foot.

Le sujet n'était pas tabou à la maison. Même si les garçons n'ont pas trop l'habitude de se confier à leur mère, c'est vers moi que Quentin se tournait pour parler d'amour et de sexualité. Ça prenait parfois des biais détournés mais personne n'était dupe, ni lui ni moi. Parfois il s'approchait en commençant sa phrase par : « J'ai un copain qui a rencontré quelqu'un... » Il disait ça avec un grand sourire et en même temps une légère gêne. Je lui répondais du tac au tac : « Ce ne serait pas toi, ce copain, par hasard ? » et on partait tous les deux dans un grand éclat de rire. On n'abordait pas le sujet tous les jours, bien entendu, pourtant quand il en exprimait le besoin, la discussion s'engageait sans difficulté.

Quentin a peut-être eu des amourettes au collège mais assurément rien de très sérieux. Il a connu deux vraies histoires dans sa vie. En terminale, il s'était épris d'Ingrid, une lycéenne d'origine antillaise. C'était un amour d'adolescent mais je crois qu'il était très amoureux. Ils étaient mignons tous les deux. Un dimanche après-midi, ils avaient organisé un goûter pour que les parents puissent se rencontrer et faire connaissance. Quentin était très intimidé mais ça lui tenait à cœur. C'est à ce moment-là qu'il s'est fait percer l'oreille. Ingrid n'a jamais dormi à la maison, ils étaient encore jeunes à l'époque.

Leur histoire n'a finalement duré qu'une grosse année. Ingrid l'a quitté pour un autre garçon, je crois. Rien d'exceptionnel, Quentin en avait cependant été très affecté. Yannis avait constaté à quel point son frère s'était senti trahi. Il était entier dans ses relations comme dans le reste. Il faisait énormément confiance et sa déception avait été à la hauteur de l'intensité de ses sentiments. C'était sans doute excessif, comme le sont toutes les peines de cœur. Cette mésaventure a en tout cas renforcé sa tendance naturelle à la jalousie. Après leur rupture, leurs liens s'étaient naturellement distendus, ils n'avaient toutefois pas coupé les ponts. On l'a évidemment tenue au courant du destin de Quentin. Elle a été très affectée et a souhaité participer à la cérémonie d'hommage organisée après l'annonce de sa mort. Elle a lu une prière d'action de grâce. C'était aussi émouvant pour elle que pour nous.

Après cette déception, Quentin a su remonter la pente. En 2010, juste après son bac et alors qu'il attend encore les résultats, il fait la connaissance de Jade, une métisse née d'un père guadeloupéen et d'une mère métropolitaine. Ils se croisent pour la première fois via Facebook, Jade est une amie commune d'une amie du lycée de Quentin. Elles font du sport ensemble, Quentin voit sa photo et tombe immédiatement sous le charme. Leur copine joue les entremetteuses. Ils font quelques sorties à plusieurs. Jade est impressionnée mais pas amoureuse tout de suite.

Après plusieurs mois de patience, de sorties entre amis et de complicité, puis de drague polie et « *old school* », ils sortent ensemble. Quentin explose de joie. Il est galant, amoureux fou et Jade trouve que c'est l'homme qui a le plus beau sourire au monde. Elle le décrit aussi comme tête en l'air, protecteur mais jaloux.

On l'a rencontrée au mois de mars 2011. Quentin était très fier de présenter sa copine à son père et à son frère, d'avoir en quelque sorte leur aval. Je me suis immédiatement très bien entendue avec elle.

Elle nous le rendait bien, elle nous trouvait cool, bohèmes et accueillants. Ils formaient un joli petit couple tous les deux. Quand elle a connu Quentin, elle n'avait que 19 ans. C'était son premier grand amour. Je crois qu'elle appréciait son côté gentleman et bien élevé. Quentin ne sortait pas, ne faisait pas de bêtise. Il était sérieux et ça lui convenait très bien. Elle était très ambitieuse et elle pensait avoir trouvé le compagnon idéal pour mener à bien ses projets. Elle faisait des études d'esthéticienne et s'imaginait à la tête d'un salon et travailler en collaboration avec Quentin, qui aurait ouvert un cabinet de coach sportif. Elle rêvait d'une vie de famille dans le sud de la France. Ils étaient très casaniers et passaient beaucoup de temps dans l'appartement de Jade qui avait eu son indépendance très tôt. Leur avenir semblait tout tracé. Quentin commençait déjà à lui parler de mariage parce que, disait-il, « ce serait mieux ». Leur relation nous réjouissait autant que les parents de Jade, qui avaient une très bonne opinion de lui.

Leur relation s'est malheureusement achevée à cause de la radicalisation de Quentin. Jade avait pourtant bien accepté sa conversion. Dans un premier temps, elle n'avait pas eu d'impact sur leur couple. Mais le poison de l'intégrisme a lentement fait son œuvre destructrice. Ses copains fondamentalistes ont réussi à lui faire admettre que ce flirt n'était « pas licite » !

On a invité Jade à la maison après la mort de Quentin. Elle nous a raconté le travail de sape qu'ils avaient mené auprès de lui pour le détourner de cette relation. Certains soirs, il débarquait chez elle en pleurs, expliquant qu'ils devaient se quitter car ils n'étaient pas mariés et surtout qu'elle n'était pas musulmane. Avant de revenir plus tard, même en pleine nuit, pour lui faire part de ses sentiments et l'implorer de ne pas le quitter. Je suis persuadée qu'au fond de lui il ne voulait pas se séparer d'elle, mais les radicaux qui l'ont endoctriné ont réussi à le placer dans une situation morale intenable. Il était tiraillé. Jade avait beau lui répéter qu'elle n'avait aucun problème avec sa conversion, l'œuvre des « amis » de Quentin a finalement été la plus forte. Elle se méfiait d'eux, elle ne supportait pas que quelqu'un puisse avoir de l'emprise sur lui. Les faits ont malheureusement prouvé qu'elle ne s'était pas trompée. Ils ont réussi à user sa résistance et à le faire céder.

Quentin et Jade n'ont pas eu d'autre choix que de rompre lorsque la religion est devenue un obstacle insurmontable, à l'été 2013. Leur histoire ne pouvait plus prospérer. J'ai appris qu'à la fin il se rendait chez elle mais préférait dormir par terre pour ne pas la toucher. Leur relation prenait une tournure mortifère démentielle. Jade a pourtant longtemps essayé de le raisonner. Elle l'encourageait à fuir, à être ambitieux, à quitter Sevran où elle avait le sentiment qu'il n'avait pas d'avenir. Ses amis ne le tiraient pas vers le haut. Elle avait peur qu'il se perde mais sans penser à mal, ni imaginer ce qui allait se produire. Comme tout le monde, elle n'a rien vu.

Jade a très mal vécu l'annonce du départ et de la mort de Quentin. Ça l'a bouleversée et elle a encore beaucoup de mal à l'accepter. Même après leur séparation, elle avait toujours espéré qu'il reviendrait à ses côtés. Ils n'ont jamais coupé les ponts.

Au printemps 2014, quelques mois avant son départ, Quentin l'avait recontactée. Je ne sais pas exactement pourquoi mais il avait envie de la revoir. Jade misait beaucoup sur ce rendez-vous. Elle avait alors en projet de s'installer à l'étranger. Elle espérait encore que Quentin l'accompagnerait. Ce jour-là, elle a pris son temps pour s'apprêter et faire bonne impression. Mais quand elle est arrivée avec un peu de retard à la maison, Farid, le copain radical de Quentin qui l'a emmené à l'aéroport, était là. Il a tout fait pour les séparer. Mentalement et même physiquement : il ne voulait pas qu'ils s'embrassent, ni qu'ils s'assoient l'un à côté de l'autre. Et ça a fonctionné. Quentin a cédé. Parfois je me demande ce qu'il se serait passé si leur rencontre avait pu se dérouler en tête à tête. Aurait-elle réussi à le raisonner et à le maintenir parmi nous ? Je n'en sais évidemment rien mais je ne peux pas m'empêcher de me poser la question.

Aujourd'hui, Jade a refait sa vie à l'étranger où elle s'épanouit dans son projet professionnel. Ironie de l'histoire, elle s'est, elle aussi, convertie à l'islam à son tour. Mais en empruntant une tout autre voie que celle de Quentin, en adoptant cet islam de paix et de tolérance auquel nous continuons à croire.

Une relation avec une femme qui n'était pas de sa religion était désormais devenue inenvisageable pour Quentin. Mais le célibat et l'absence de liens charnels commençaient à lui peser. « C'est dur, le célibat maman », m'avait-il dit un jour. Ça m'avait même fait sourire, je ne pouvais que l'encourager à retrouver une nouvelle copine. Sauf que son critère principal était devenu confessionnel.

« Alors, il faut que je me fasse à l'idée d'avoir une belle-fille voilée ? lui avais-je demandé.

— Oui maman. Mais quand elle rentre à la maison, tu sais, elle le retire. »

On avait eu plusieurs discussions sur le voile. Quentin avait beaucoup de mal à admettre la loi interdisant son port dans l'espace public. Il me disait : « On interdit le voile dans la rue, mais ça ne choque personne que des bimbos seins nus s'étalent sur les panneaux publicitaires ou à la télévision ! » Il n'avait pas forcément tort même si je lui expliquais que les deux exemples ne relevaient pas de la même sphère. Je lui disais surtout qu'il ne fallait pas imposer aux femmes le port du voile, que ce choix devait rester personnel au risque de tomber dans l'intolérance et la dictature.

La question ne s'est finalement jamais posée. Au printemps 2014, il s'était pourtant activement mis en quête d'une épouse « licite ». En passant par des canaux dédiés. Grâce à ses amis, il a rapidement obtenu un rendez-vous avec une famille. Il n'avait pas caché ses intentions : demander la main de leur fille.

« Tu la connais au moins cette fille ?

— Non, non, je ne la connais pas, c'est un frère qui me l'a recommandée. Il paraît qu'elle est bien.

— Mais tu sais, Quentin, dans l'amour on regarde certes l'âme avant de regarder la personne mais, quand même, c'est important de bien s'entendre. C'est mieux de se connaître avant, tu ne crois pas ? »

La discussion ne l'avait pas fait changer d'avis. S'engager là-dedans, cela prouve encore une fois son immaturité et donc sa vulnérabilité. On l'a donc vu partir un jour de la maison, bien habillé, parfumé et même la barbe peignée pour se rendre à son rendez-vous « galant ». Il en est revenu quelques heures plus tard, bredouille : le père de cette jeune fille ne voulait pas d'un gendre dépourvu de toute situation. Une réaction à vrai dire tout à fait légitime.

J'étais évidemment rassurée parce que ce projet de mariage arrangé ne me satisfaisait pas. Bien sûr, de telles unions ont toujours existé mais on ne peut pas considérer que ce soit un modèle de couple très épanouissant. C'était vraiment très perturbant pour nous de voir notre fils s'engager dans des projets aussi éloignés de notre mode de vie, de nos valeurs et de l'éducation qu'on lui a donnée.

En guise de morale à cette histoire, Quentin a conclu que ce refus tombait bien, car il aurait été très embarrassé de ne pas bien s'entendre avec son beau-père. En revanche, aucune considération pour sa promise alors qu'elle avait pourtant l'air de lui plaire. Je suis tellement meurtrie par l'issue tragique de son histoire que, parfois, je me demande si ce mariage n'aurait pas empêché son départ. Avec le temps, j'avais même fini par admettre cette éventualité. Ça m'inquiétait beaucoup sur la cohabitation à venir, et j'imaginais que je parviendrais toujours à composer. C'était à l'opposé de mes principes, mais c'était comme pour le reste : je ne voulais pas me l'aliéner. Je ne voulais pas le perdre. Je l'ai pourtant perdu.

Les déboires sentimentaux de Quentin et cette volonté de trouver une épouse à tout prix m'ont fait réfléchir. Je me suis même demandé s'il ne s'était pas interrogé sur son identité sexuelle. La question de l'homosexualité le mettait très mal à l'aise. On en avait beaucoup parlé au moment du débat et des manifestations contre le mariage pour tous. Les religieux musulmans, comme les catholiques d'ailleurs, étaient très hostiles à cette réforme. Quentin tenait lui-même des propos très durs, osant même dire que l'amour entre personnes du même sexe était une perversion de la nature, une maladie.

Son copain Farid, avec lequel nous avions eu un long débat sur le sujet, partageait le même point de vue outrancier. J'essayais de les raisonner, de leur expliquer qu'ils avaient une vision très rétrograde et que le plus important dans une relation de couple c'est l'amour, quel que soit le sexe des deux partenaires. Je leur rappelais qu'il n'y a pas si longtemps les homosexuels étaient vus comme des malades psychiatriques, voire comme des délinquants puisqu'il s'agissait d'un délit. J'évoquais aussi les horreurs de la Seconde Guerre mondiale et le cas des homosexuels déportés. Je voulais les faire réagir mais ils n'en démordaient pas : selon eux, l'homosexualité était une maladie, et pas un état de fait. Autant Quentin pouvait se montrer ouvert en étant favorable à l'avortement et à la contraception, autant l'homosexualité le crispait totalement. Il soutenait que seules la religion et l'éducation pouvaient remettre les gens dans le droit chemin, en combattant les perversions d'une société laxiste. Même s'il avait l'air pleinement épanoui dans une relation hétérosexuelle, Quentin pensait-il à son cas personnel en parlant ainsi de l'homosexualité ? C'est une hypothèse que je n'exclus pas forcément. Après tout, il avait coutume de dire que la religion était un outil de lutte contre ses passions, alors pourquoi pas celle-là... ?

Les convictions religieuses de Quentin ont également eu un impact sur son rapport avec moi en tant que femme. Il n'a jamais osé me traiter de mécréante. Je l'aurais évidemment extrêmement mal pris. Mais j'ai quand même perçu une certaine évolution dans nos liens.

Pendant la période des travaux à la maison, au printemps 2013, je suis allée vivre quelques semaines dans l'appartement qu'une amie m'avait prêté dans le quartier de Pigalle. Thierry, lui, était resté à Sevran au milieu de la poussière car il avait son bureau sur place. Quentin venait me rejoindre régulièrement et dormait lui aussi dans cet appartement. Et me voir séjourner à Pigalle, c'est-à-dire le quartier des prostituées et des sex-shop, lui provoquait une certaine gêne. Il était mal à l'aise de voir sa mère évoluer dans cet environnement.

Son changement se manifestait surtout par des petites remarques détournées. Si je mettais une jupe courte par exemple, il ne disait pas : « Maman, ce serait mieux que tu mettes une jupe plus longue », mais : « Maman, fais attention dans le RER... » Quand je faisais ma sacro-sainte balade dominicale au parc pour courir ou enfourcher mon vélo et que j'enfilais un short de sport, je voyais bien qu'il n'aimait pas trop me voir dehors jambes nues. Il n'appréciait pas que les hommes portent un regard sur sa mère.

À la fin, il m'accompagnait même au parc, tel un garde du corps. Il allait aussi me chercher à la gare RER, officiellement pour s'assurer de ma sécurité, en réalité pour observer la réaction des hommes envers moi. Je lui disais clairement que son attitude m'exaspérait, que je ne supportais pas la présence d'un chaperon. J'en avais marre de ces simagrées. Je lui assénais : « Si je veux mettre un short, je mets un short. Si je veux mettre une jupe, je mets une jupe. » Sur ce sujet, comme sur les autres, il n'a pas eu de prise sur moi. Paradoxalement, c'était le fils le plus attentif à mon look, en coiffure notamment, et il aimait à dire que Thierry et moi faisions plus jeunes que notre âge.

11

Comment l'aider ?

La radicalisation de Quentin se passe sous mes yeux. J'en ai parfaitement conscience, je constate à quel point la religion envahit son esprit et son quotidien. J'en subis les conséquences. Toute la famille est impactée. Et pourtant, qu'aurais-je dû, ou pu, faire de plus ? Qu'aurais-je dû, ou pu, voir que personne n'a vu ?

À l'époque, le phénomène des départs en Syrie n'avait pas encore pris la dramatique ampleur qu'il a connue par la suite. La France n'avait pas été frappée en son cœur par plusieurs vagues d'attentats. Le programme « stop-djihadisme[1] » du gouvernement, mis en place en avril 2014, n'était malheureusement pas encore très connu. Aujourd'hui, on me décrirait une situation semblable à celle de Quentin, celle d'un converti pris dans l'engrenage

1. www.stop-djihadisme.gouv.fr.

d'une pratique de plus en plus intégriste de l'islam, je serais évidemment beaucoup plus inquiète. Désormais, j'ai les outils pour comprendre, je les ai acquis à mes dépens et j'essaierais de prendre des mesures drastiques pour tenter d'empêcher un départ. Mais c'est beaucoup plus facile de donner des leçons avec le recul. Je ne cesse de m'interroger sur mon comportement tout au long de ces mois. Est-ce que j'ai bien agi ? Aurais-je dû en faire plus ? réagir encore plus que je ne l'ai fait à chaque escalade ? me montrer plus sévère ?

Chacun aura son opinion et personne n'aura la réponse. On a le droit de s'interroger sur mon attitude, mais je refuse à quiconque le droit de me juger ou de considérer que j'ai été naïve ou aveugle. Parce que ce serait insultant et surtout méconnaître tout ce que j'ai entrepris avec mon mari, mon fils aîné, pour sauver Quentin. Combien de fois lui ai-je dit qu'il s'égarait, qu'il était en train de s'isoler par son intolérance ! Je n'ai pas ménagé mon temps et mes efforts. Personne ne peut imaginer à quel point ce fut épuisant. Et douloureux.

Pendant des mois, j'ai frappé à bien des portes pour demander de l'aide. Face à une telle situation, on est seul et totalement démuni. Qui aurais-je dû appeler en priorité ? Les urgences ? Mais on ne parle pas d'un blessé. Les services sociaux ? Quentin n'était pas dans une famille à problèmes. La police ? Il n'avait jamais commis le moindre acte répréhensible. Et puis j'imagine l'échange avec le commissaire : « Bonjour monsieur l'agent, c'est pour vous signaler que mon fils s'est converti. Est-ce un délit ? » À l'époque, je n'ose imaginer la réponse, même si je pense qu'aujourd'hui ça a bien changé. Le phénomène est devenu une préoccupation majeure et de plus en plus de fonctionnaires de terrain suivent des formations de sensibilisation. Il n'est jamais trop tard pour bien faire.

En ce qui me concerne, j'ai agi dans deux directions : la médecine et la religion. J'ai commencé par voir notre médecin de famille, en février 2014. Il connaissait très bien Quentin. Il est juif et je savais qu'il comptait dans sa famille plusieurs pratiquants traditionalistes. Je ne compare pas les deux, je tiens juste à souligner que le fait religieux et sa pratique exacerbée ne lui étaient pas étrangers. Il m'a fait plusieurs recommandations : ne pas rompre le dialogue, continuer à être nous-mêmes et enseigner à Quentin de ne pas confondre religion et superstition. De bons conseils mais qui correspondaient typiquement à ce que nous faisions déjà.

Quelques mois plus tard, en mai, je suis allée consulter une psychologue, une femme que je connaissais bien. Quand je lui ai fait part de la situation, elle s'est évidemment rendu compte que Quentin se cherchait. Elle s'interrogeait sur un éventuel élément déclencheur : un deuil ? une séparation ? Comme moi, elle avait le sentiment qu'il rendait des comptes à une espèce de gourou auquel il demandait de juger du bien et du mal de ses actions. C'est exactement ce qu'il avait fait le soir du réveillon, en s'éclipsant plusieurs heures pour obtenir l'« autorisation » d'assister au repas de famille. Dans l'ensemble, elle m'a fait une description d'un Quentin dans une situation semblable à une emprise sectaire. Je l'ai revue deux mois plus tard, elle m'a redonné quelques conseils très généraux, mais, au final, elle était un peu comme tout le monde, démunie.

Parallèlement à ces sollicitations médicales, j'ai voulu mieux connaître la nouvelle religion de mon enfant. Je me suis énormément investie et, plutôt que de lire le Coran, j'ai préféré rencontrer des savants, des érudits. Je me suis par exemple rendue à l'Institut catholique de Paris (ICP) qui organisait une série de conférences sur la religion et la violence. J'ai choisi celle sur l'islam et la violence, assurée par un certain Saeid Jazari, un universitaire et théologien iranien. Cela m'a permis de compléter mes connaissances sur l'histoire de l'islam et d'acquérir un certain nombre de repères. J'ai aussi appris beaucoup de choses sur les différents courants de pensée de cette religion : le soufisme, le salafisme, le wahhabisme, le takfirisme… Ainsi, les salafistes prônent le retour à l'islam des origines et c'est dans ce courant de pensée que s'inscrivait Quentin, lui qui voulait suivre la tradition prophétique à la lettre et « prier comme les pieux prédécesseurs ». Un salafiste quiétiste, c'est-à-dire un pieux, pas un combattant. C'était un adepte du djihad intérieur, celui du combat personnel contre les passions. Un pacifiste et non un salafiste fondamentaliste d'obédience djihadiste, dont le conférencier avait souligné le danger. Je me rassurais en me disant qu'il n'était certes pas un libéral mais pas du côté des plus fondamentalistes.

J'essayais malgré tout de l'orienter vers une autre pratique. Ma belle-sœur, une française d'origine marocaine laïque, lui avait offert un livre intitulé *Le Principe du juste milieu*[1] et je l'encourageais à s'en inspirer. En vain. Je n'ai pas eu plus de succès en lui recommandant des ouvrages sur la pensée soufie, c'est-à-dire la vision ésotérique de l'islam empreinte de poésie. Ça ne l'intéressait pas. Il en référait tout le temps au Coran, « parce que c'est écrit par la main de Dieu », insistait-il.

Au cours de son exposé, Saeid Jazari a également tenu à rappeler un certain nombre de principes fondamentaux de l'islam, défini comme une théologie de l'amour et de la paix. Il a insisté sur ses valeurs de dévouement et de tolérance, assurant également que la religion devait se tenir en dehors de la politique. Son discours était sain. C'est en tout cas celui que je voulais entendre et apporter à Quentin. À l'issue de la conférence, je lui ai demandé s'il acceptait de venir dîner un soir à la maison pour le rencontrer et échanger avec lui. Quentin ne s'y était pas opposé, mais préférait que ça se fasse à

1. De Mustapha Chérif, Albouraq, 2013.

l'extérieur. Je l'avais même rassuré en lui disant que sa femme portait un voile. Il était d'accord, on n'a toutefois pas réussi à caler de date. On s'est échangé quelques mails sans pouvoir s'accorder avec les contraintes de Quentin. Au bout d'un moment, je ne l'ai plus relancé et ce repas n'a jamais eu lieu.

À l'époque, j'étais dans une logique d'urgence. Soit ça marchait, soit je passais à autre chose. Je dois reconnaître que Quentin n'avait pas insisté pour faire aboutir ce projet. Il m'avait fait comprendre que la parole d'un chiite n'avait pas beaucoup de valeur pour lui… Le chiisme est un courant de l'islam minoritaire, très présent en Iran. La rupture remonte au VIIe siècle et à la querelle sur la succession de Mahomet. La branche majoritaire est celle du sunnisme, celle dont relève le salafisme et donc Quentin. Depuis cette rupture, sunnites et chiites n'ont cessé de s'opposer et de se faire la guerre. L'antagonisme est très fort. Quentin se retrouvait aussi dans cette opposition : les conseils d'un dignitaire chiite ne l'intéressaient guère. « Ce n'est pas un vrai musulman », m'avait-il dit.

Je ne suis pas restée sur cet échec relatif. Après l'expérience de l'Institut catholique, j'ai pris attache avec la Grande Mosquée de Paris. J'ai d'abord envoyé un courrier au grand recteur, Dallil Boubakeur, qui ne m'a pas répondu. Je m'y suis donc rendue directement un jour, pendant ma pause-déjeuner. J'avais préparé une lettre que j'ai directement déposée au secrétariat. J'ai été rappelée comme promis. J'ai obtenu un rendez-vous en avril 2014. Nous nous y sommes rendus ensemble avec Thierry. Nous avons été reçus par quatre hommes, dont un des responsables du lieu, le Dr Djelloul Seddiki, un universitaire chargé de la formation des imams.

L'échange a duré relativement longtemps. Notre interlocuteur a d'abord voulu nous rassurer sur les valeurs d'ouverture et de tolérance de l'islam, en nous rappelant par exemple que le Prophète avait des compagnons dont les enfants étaient juifs ou chrétiens, ou bien que la musique n'était absolument pas proscrite et même recommandée par le Prophète. Autant de considérations que nous partagions déjà. Personnellement, je voulais surtout savoir si la pratique de Quentin était normale ou si je devais m'alarmer. Il s'est montré plutôt rassurant, expliquant que, comme tous les convertis, Quentin voulait se montrer plus royaliste que le roi mais que ça lui passerait. Il me l'a décrit comme un ignorant de l'islam. Selon lui, il n'était pas radicalisé mais engagé dans une voie médiane avec un risque de basculement. Il était en quelque sorte « sur le fil ». Au final, Djelloul Seddiki a plutôt essayé de dédramatiser. Il n'a pas considéré que le danger était imminent. En guise de travaux pratiques, il nous a recommandé plusieurs passages du Coran à lire et à commenter avec Quentin, notamment sur les relations entre père et fils ou bien les versets consacrés à Marie. Il nous a également conseillé d'inviter

Quentin à suivre les enseignements gratuits dispensés par la Grande Mosquée le samedi, mais à un horaire qui n'était pas compatible avec ses horaires de travail. Comme avec le théologien de l'Institut catholique, je préférais qu'on prenne rendez-vous tous ensemble avec Quentin. Il n'était pas hostile sur le principe, sauf qu'il ne pouvait recevoir personne après 17 heures. Or, là encore, ça ne collait pas avec le planning de Quentin.

Le schéma précédent s'est répété ; le temps a passé et la rencontre n'a jamais eu lieu. Cette fois encore, Quentin n'avait pas dit non mais ne s'était pas non plus montré très emballé : « Tu sais, la Grande Mosquée de Paris, ce n'est pas l'islam. C'est l'islam de France mais pas vraiment l'islam », arguait-il. Depuis, j'ai appris que c'est un discours récurrent chez les radicaux. Un autre signe de basculement que j'étais incapable d'analyser comme tel à l'époque. J'ai malgré tout étudié les textes que le théologien m'avait recommandés avec Quentin. Ça n'a eu aucun effet, si ce n'est de déclencher des discussions que nous avions déjà eues. Quentin adhérait totalement à ces passages. Or ce n'est jamais le texte en lui-même qui pose problème, c'est son interprétation. Quentin me rassurait : « Ne t'inquiète pas, je vais bien », répétait-il à l'envi, contre toute évidence.

Je me rendais pourtant compte que la situation empirait. Je me souviens de ce jour où, en pleurs, je l'avais pris dans mes bras, lui expliquant que je le sentais partir et se couper de notre mode de vie.

J'étais d'autant plus perdue qu'aucun de mes nombreux interlocuteurs n'avait pu me donner de clé pour ramener Quentin à la raison. Aucun d'entre eux n'avait non plus imaginé qu'il puisse s'envoler en secret pour la Syrie.

J'ai pourtant multiplié les approches. Je n'ai pas pensé à la Miviludes, la Mission interministérielle de vigilance et de lutte contre les dérives sectaires. Aujourd'hui elle joue un rôle important dans toute la politique dite de déradicalisation, mais, à l'époque, ce mot-là n'existait pas. Peut-être qu'ils auraient réussi à nous aider.

J'éprouve donc des regrets, mais je ne me sens pas coupable. Sur les réseaux sociaux, je lis des commentaires atroces sur mes prises de parole. Certains estiment que j'ai été trop tolérante. Mais comment est-ce possible de reprocher une telle chose à quelqu'un ? La tolérance est une valeur à laquelle j'attache énormément d'importance et que je me suis efforcée d'inculquer à mes enfants. Et puis on peut très bien se montrer tolérante tout en se montrant ferme sur les principes. C'est l'équilibre que j'ai tenté, avec Thierry, de maintenir vis-à-vis de Quentin : accepter sa conversion mais réagir à chaque écart. La tâche était finalement trop ardue pour une famille seule. Certains reprochent également aux parents de djihadistes d'avoir été déficients, c'est insupportable à entendre.

Nos efforts auront donc été vains. Rétrospectivement, je me rends compte que la bascule définitive s'est opérée lors de son dernier été en France. Quentin a été coriace et nous aussi : certains se radicalisent en trois mois et en quatre clics, avec lui il aura fallu que ses recruteurs mènent un travail de sape pendant plus d'un an et demi. On ne sait pas qui l'a embrigadé, on sait néanmoins à peu près quand il a cessé d'être sur le fil pour se retrouver définitivement du mauvais côté. On l'a vu, on a même constaté qu'il s'était transformé physiquement. Son regard avait changé, une sorte de lassitude et en même temps sa détermination semblait plus grande. Officiellement il n'avait pas prévu grand-chose, si ce n'est de se reposer de sa première mission de chauffeur VTC et de préparer sa rentrée. Le ramadan tombait aussi au mois de juillet.

Un signe nous a beaucoup troublés lors de notre retour à la maison après une escapade de trois semaines en Corse, où il n'avait pas voulu venir avec nous : le tableau peint par mon frère à la naissance de Quentin avait disparu ! C'est une toile symbolique qui représente un enfantement. Deux mains enlacent un corps de nouveau-né peint en rouge, comme s'il sortait du ventre de sa mère. C'est évidemment un tableau très personnel et doté d'une grande charge émotionnelle. On l'a retrouvé par terre, caché derrière un meuble et retourné. Je m'en suis évidemment ouverte à Quentin.

« Tu sais, maman, en fait il me gêne ce tableau, m'a-t-il répondu. Dans ma religion, on ne représente pas les corps. » Bizarrement, il n'avait jamais remis en question les photos de famille au mur, y compris dans sa chambre. C'était ubuesque : la liste des interdits venait encore de s'allonger. Il était une nouvelle fois sous l'emprise de la superstition et de la peur de déplaire à son Dieu… et à son gourou.

Pour moi, cela signifiait que quelqu'un était venu à la maison pendant cette période. Je pense que Quentin n'aurait jamais décidé lui-même de retourner ce tableau qu'il côtoyait tous les jours depuis des années sans jamais émettre de remarque. J'en conclus qu'un « frère » fondamentaliste était entré dans notre foyer pour lui faire la leçon sur ce qui était licite ou illicite. Je me suis énervée, lui expliquant qu'on se trouvait dans ma maison et qu'il devait la respecter. Encore une fois on s'est opposés à lui, en insistant sur les dangers de sa pratique. On a accepté de déplacer la toile et de l'installer dans l'escalier, mais il était hors de question de ne plus l'exposer. On n'a pas souhaité aller au clash, de peur qu'il ne quitte la maison et ne fréquente plus que ses « amis » intégristes. Ne percevant pas le sens de l'accumulation de tous ces signaux, je n'ai jamais cessé de penser qu'on pourrait le ramener vers des pensées plus saines. Jusqu'au bout, Quentin est donc resté à nos côtés. Jusqu'à cet ultime week-end et ces dernières crêpes partagées en famille.

12

L'insupportable attente

Quentin est donc censé se trouver en Allemagne. Il a 22 ans, un travail. Et nous, aucune raison de le retenir. Ni de s'inquiéter même si, en vérité, je n'en mène pas large. Comme une intuition ? « Ne pas céder à la panique. Garder confiance en lui », ai-je écrit à ce moment-là dans mon journal intime. Lundi soir, le 22 septembre 2014, je lui envoie un sms pour m'assurer qu'il est bien arrivé. Sa réponse tombe le lendemain matin : « Suis bien arrivé, dsl j'ai pas tout le temps le wifi pour parler. Bisous. » La conversation se poursuit le lendemain :

« Frisquet ce matin ici. Et toi ? Tout va bien ? biz.

— Tout va bien, c'est l'hôtel, c'est cool. On peut faire du sport, il y a une salle de billard, etc. Supercool. Bisous à vous 2. »

Il en profite pour m'envoyer une photo de sa chambre d'hôtel : rien d'exceptionnel, ça semble propre. Un an et demi plus tard, à la faveur de l'installation d'un nouveau logiciel sur mon téléphone, je découvrirai la géolocalisation de cette photo. Alors qu'à ce moment-là je n'ai aucune raison de douter de sa présence en Allemagne, Quentin se trouve en réalité à Istanbul, en Turquie ! Si seulement on avait eu cette information capitale en direct. On aurait immédiatement pris l'avion, on aurait compris qu'il nous avait menti et que son sort était sur le point de basculer. Ça nous a rendus dingues. On se dit qu'on est peut-être passés tout près de le sauver à temps…

L'échange se poursuit donc comme si de rien n'était : je lui demande si Francfort est une jolie ville et je l'informe que son compte est très légèrement à découvert et qu'il doit donc le créditer. Je l'interroge aussi sur l'endroit où se situe ma voiture, car je ne la retrouve plus ; j'ai bien récupéré les clés dans la boîte aux lettres mais impossible de la repérer. Je veux donc savoir où il l'a garée. Il me répond qu'elle est garée comme d'habitude, ne se souvient plus, sans doute dans la rue à côté de la maison. J'apprendrai plus tard que ceux qui l'ont amené à l'aéroport ont utilisé ma voiture avant de la ramener. Quentin n'avait donc aucune idée de l'endroit où ils l'avaient déposée.

Le 25 septembre, ironie de l'histoire, la France est sous le choc deux jours après la décapitation d'Hervé Gourdel, ce randonneur des Alpes-Maritimes égorgé en Algérie par les Soldats du califat, un groupe dissident d'Al-Qaïda au Maghreb islamique (Aqmi) qui a fait allégeance à l'organisation État islamique. Thierry lui écrit : « Bonjour Quentin, as-tu regardé les nouvelles ? Pour ma part, je suis content de voir la réaction de nombreux musulmans qui disent que ce "*crime is not on my name*"... Il n'y a rien qui justifie la barbarie quel que soit le bord... Quand rentres-tu ? »

Toujours pas de réponse. Je retente ma chance le lendemain, en évoquant toujours ce drame atroce et l'onde de choc salutaire qu'il provoque au sein de toute la société : « Bonjour Quentin. Je ne sais pas si tu sais, les musulmans de France manifesteront aujourd'hui dans Paris. Sois avec eux en pensée, en prière, comme nous. Ils ont (enfin) pris la parole pour dénoncer la barbarie et dire que l'islam est une religion de paix, qu'on ne décapite pas les innocents comme ça. La violence engendre la violence. On t'embrasse, tiens-nous au courant pour toi. »

C'est finalement le lendemain de ce message, le 27 septembre, que la situation change radicalement. Dans un sms lapidaire, Quentin nous annonce qu'il ne compte pas revenir immédiatement mais souhaite se consacrer à l'apprentissage de l'arabe !

« Mon séjour se passe bien. J'ai décidé d'apprendre l'arabe littéraire, je vous en avais parlé, ça ne dure qu'un mois. J'ai besoin de voir autre chose, désolé de vous le dire comme ça, j'ai besoin de changer d'air. »

Cette fois, on est sonnés. Au début du mois, Quentin nous avait effectivement déjà fait part de ce projet d'apprentissage de l'arabe, en l'occurrence au Caire. À partir du moment où il s'était converti, il disait vouloir apprendre le Coran dans sa langue originelle. D'une certaine manière c'était légitime. Et puis ça lui correspondait bien, avec son obsession de toujours faire les choses au mieux, en se référant obsessionnellement à la source de sa religion.

Mais l'option égyptienne ne nous emballait pas trop, surtout au niveau sécuritaire. Depuis les révolutions arabes, on savait que la situation n'était pas toujours très stable. On avait quand même regardé les possibilités ensemble. On ne voulait pas le braquer et puis on souhaitait vérifier les universités où il était susceptible de se rendre. Je m'inquiétais qu'il puisse tomber dans un cours de fanatiques. Il s'était voulu rassurant, promettant qu'il envisageait uniquement d'apprendre la langue. « L'école ne parle pas de religion et interdit d'en parler. Elle ne se focalise que sur l'arabe », écrivait-il dans un mail du 10 septembre où il nous faisait part de son projet, précisant qu'il avait « besoin de voir d'autres horizons ». Il ajoutait même qu'il n'aurait aucun mal à se loger, grâce aux possibilités de colocation avec d'autres étudiants.

J'avais alors fait mes propres recherches sur le sujet. Et, une heure et demie à peine après son message, je lui répondais en lui suggérant de lire un article de *Libération*[1] « intéressant pour peser le pour et le contre » et intitulé « Égypte, la terre promise des salafistes ». J'avais également pris la peine d'extraire certains passages pour qu'ils ne lui échappent pas :

« La plupart se revendiquent d'un salafisme quiétiste, pacifique et apolitique tourné vers l'obsession de la pureté du culte, tel qu'il se pratiquait au temps de Mahomet (je retrouve là ta motivation, Quentin). Mais l'image qu'ils véhiculent, ils le savent, est généralement associée au terrorisme. Ils fuient le sujet, se méfient des journalistes. “Une minorité peut dévier, c'est certain, mais ça n'est qu'une minorité”, élude un étudiant à barbe blonde. “La plupart de ceux qui viennent en Égypte sont en quête d'absolu, mais ne posent pas forcément problème”, confirme une source sécuritaire. Le risque de dérive, c'est quand ils croisent des gens autrement plus dangereux, lors de cours coraniques dans certaines mosquées ou chez des particuliers. »

En parallèle, comme l'option égyptienne me laissait très perplexe, je m'étais également renseignée auprès d'université françaises, et notamment de la Sorbonne, pour savoir si des cours d'arabe y étaient dispensés. J'avais soumis cette possibilité à Quentin mais il n'avait pas semblé très convaincu. Puis les jours avaient passé, sans qu'il évoque à nouveau le sujet. On pensait que cette idée lui était

1. Article du 30 juin 2009 sous la plume de Claude Guibal.

finalement sortie de la tête. Et puis on se rassurait en se disant qu'il était transparent avec nous, qu'il ne nous cachait pas ses projets. Funeste erreur.

Son annonce a donc l'effet d'un choc. Je suis en colère, surtout très déçue de son mensonge, pourtant je me contiens :

« On peut se parler ? Tu es en Égypte ou dans un autre pays ? Tu aurais dû nous en parler ou du moins confirmer ton départ. Le contexte géopolitique n'est pas top, sois prudent. »

Je m'inquiète aussi immédiatement de sa présence à la grande fête familiale pour les 80 ans de mes parents, programmée le 11 octobre. Je lui demande ce que je dois leur dire. Sa réponse reste évasive, il n'aborde même pas le sujet :

« Tout va bien, ne vous inquiétez pas, il n'y a pas de bon réseau ici. Je vous recontacte dès que je peux. Bisous bisous. »

Aussitôt ce dernier message envoyé, Quentin coupe son portable. J'ai beau multiplier les appels, le répondeur est mon seul horizon sonore. Pas la moindre sonnerie ! Cette fois, l'inquiétude s'installe vraiment. J'essaie pourtant de me rassurer. Même s'il ne précise pas sa destination, je me persuade qu'il est en Égypte. Après tout c'est un grand pays, civilisé, et pas en guerre. J'ai entendu parler de jeunes qui s'y sont effectivement rendus pour suivre des cours d'arabe. Ils sont tous revenus après un mois.

Évidemment, je préviens immédiatement Yannis. Lui non plus n'est pas rassuré. On s'interroge avec Thierry sur les réelles motivations de Quentin en Égypte, sans envisager la Syrie. À cette époque-là, Daech n'a pas encore enrôlé des centaines d'âmes occidentales. Il n'empêche, on décide de prendre contact par mail avec toutes les universités du Caire : « Si vous voyez notre fils, merci de nous contacter. » Des bouteilles à la mer numériques qui n'obtiendront aucune réponse. On s'efforce de ne pas paniquer. On se raccroche à son message : il est en Égypte et ça ne doit durer qu'un mois. On croit à son retour. Ce n'est pas du déni, on veut simplement garder confiance en lui.

Je décide aussi d'alerter mes parents. La grande fête pour leurs 80 ans approche. Pour moi, c'est impossible que Quentin ne se manifeste pas. Il aime tant sa famille ! Ses grands-parents en particulier, auprès desquels il a passé de si bons moments de vacances et auxquels il n'a pas hésité à envoyer un long courrier pour expliquer sa conversion à l'islam. Je n'arrive pas à imaginer son absence à un événement aussi important. D'ailleurs, j'y fais référence dans les messages, tous restés sans réponse, que je lui envoie inlassablement :

« On a passé un bon dimanche à répéter avec tes tantes et cousins, cousines, pour le spectacle des 80 ans ; ils ont dormi dans ta chambre ; dis-nous où tu es stp géographiquement ; biz. »

Le terme est particulièrement mal choisi eu égard au contexte mais on a conservé le mot « Formidable » comme thème de l'anniversaire… Je m'attelle aux préparatifs en conservant ce secret espoir de le voir réapparaître. Je prépare un cadre avec la photo des dix petits-enfants. Quentin y figure évidemment en bonne place. J'écris aussi une saynète humoristique : une simulation de garde à vue jouée par les petits-enfants avec la musique d'*Inspecteur Gadget* en fond sonore, histoire de se moquer gentiment de mon père, ancien colonel de gendarmerie. Quentin est trop grand pour avoir un rôle dans la pièce mais je compte sur lui pour chanter dans la chorale. Il va débarquer dans la salle des fêtes en Normandie. J'en suis certaine. Ce serait tellement « formidable ».

En parallèle, je continue à le bombarder de mails et de messages. J'ai absolument besoin d'avoir de ses nouvelles. Ainsi ce sms du 29 septembre : « Nous te laissons libre de tes choix pour apprendre l'arabe, mais soyons transparents, dis-nous simplement dans quel pays tu es. Si tu te faisais voler ton iPhone, nous n'aurions même pas le moyen de te joindre. On compte sur toi pour nous le dire. Biz. »

Quatre jours plus tard, de guerre lasse, j'essaie de jouer sur la fibre religieuse, toujours sans succès : « Bonjour mon Quentin, c'est l'aïd aujourd'hui. Où le fêteras-tu ? Donne-nous de tes nouvelles, *please*. Merci. Biz de nous 3. »

Nous avons également prévenu Jade, son ex-copine avec laquelle il avait gardé contact. Elle aussi tente de nous rassurer dans ce sms du 29 septembre. C'est l'une des premières à évoquer le djihad.

« S'il est toujours joignable par sms ou tel, pas d'inquiétude, il a la tête sur les épaules. Pas d'inquiétude, il faut avoir confiance ! Tenez-moi au courant. Ne pensez pas au djihad, il vous en aurait sûrement parlé et il faut certaines conditions pour faire cela. » « Il a besoin de vivre cela. Et encore une fois du moment où vous pouvez le joindre tout va bien. »

Malgré ces messages de réconfort, le silence de Quentin me pèse. Le week-end du 3-4 octobre, nous avons un séjour professionnel programmé de longue date au Havre avec Thierry. On décide de le maintenir, pas question de bouleverser nos plans. À notre retour à Sevran, le dimanche soir, un voisin nous informe que la police est passée pendant le week-end. Mon cœur chavire. Je suis persuadée qu'ils sont venus nous annoncer le décès de Quentin. Je pense qu'il a eu un accident.

J'ignore à ce moment-là que mon père, très inquiet, a pris attache avec ses anciens collègues de la gendarmerie de Rouen. Lesquels ont averti la préfecture de Seine-Maritime, qui a transmis l'information à celle de Seine-Saint-Denis. Il nous a laissé un message pour nous informer de son initiative sur le téléphone fixe. Je n'en ai pas pris connaissance lorsque je rappelle le commissariat.

« Votre fils a disparu ? m'interroge tout de go l'enquêtrice.

— Oui, enfin bon je ne peux pas vraiment dire qu'il a disparu, mais simplement qu'il ne donne plus de nouvelles. Je lui fais confiance.

— Vous voulez faire une déclaration pour disparition inquiétante ? poursuit le sous-officier en me faisant comprendre que la conversion de Quentin à l'islam ne lui est pas étrangère. Vous pensez qu'il a pu se rendre en Syrie ?

— Mais jamais de la vie ! Pour moi, il est d'abord parti à Francfort. Puis sans doute en Égypte. Mais pas en Syrie ! »

Une telle perspective est encore inenvisageable, tout bonnement impensable. J'hésite à faire une déclaration pour signaler officiellement son départ. J'en parle longuement avec Thierry et Yannis. On souhaite évidemment avoir des nouvelless, mais on redoute de le braquer et de perdre le lien. Le choix ne nous sera finalement pas laissé. Le 6 octobre, la police a officialisé sa disparition suspecte. L'enquête démarre. Quentin est désormais fiché ; mon fils est recherché par la police.

Cette fois, on a clairement changé de dimension. Et nous aussi on démarre notre propre enquête. On prend contact avec tous ses amis les plus récents et le seul à se manifester est Farid, son « copain » très pratiquant, plutôt conservateur, un ancien du lycée de l'Espérance. Celui avec lequel il était censé avoir eu des différends ces derniers jours.

Farid vient à la maison, nous révèle qu'il a conduit Quentin à l'aéroport de Roissy, sans vouloir dire qui d'autre l'accompagnait dans la voiture, en l'occurrence la mienne. Il assure que, pour lui, Quentin devait se rendre en Égypte et nulle part ailleurs. Mais il dévoile aussi que Quentin avait les larmes aux yeux au moment de le quitter.

Pleure-t-on pour un voyage d'un mois ? Cela ne nous rassure pas de l'apprendre, surtout ça nous interroge sur son état d'esprit à ce moment-là. Cela prouve qu'il n'était pas si convaincu de faire le bon choix en s'embarquant dans cette aventure insensée. Nous en avons beaucoup voulu à Farid de ne pas l'avoir retenu, ni de nous avoir prévenus. Il a été entendu par la police mais jamais inquiété.

Le 7 octobre, mon moral prend définitivement du plomb dans l'aile. Yannis est revenu à la maison et, en parcourant la boîte mail de son petit frère, sans même avoir besoin de son mot de passe, il découvre un billet Lufthansa Francfort-Istanbul avec un aller le 22 septembre et un retour, dont on sait qu'il n'a malheureusement aucune valeur, le 26. Le message a été envoyé par Sylla*, son binôme de VTC, un garçon également originaire de Sevran, mais qui n'est jamais venu à la maison. Lui aussi a fait partie du voyage.

Grâce à une copine qui travaille à l'aéroport, on se fait confirmer la présence de Quentin dans ce vol. Même si on ne trouve rien d'autre de suspect dans son ordinateur ou sur son compte en banque, le doute n'est plus guère permis. Et on se rend également compte qu'on a déjà perdu deux semaines précieuses.

L'abattement me guette. Les mensonges de Quentin et ce que l'on croit encore être son escapade en Égypte m'obsèdent. Il faut pourtant se projeter dans la grande fête d'anniversaire de mes parents. Une amie me suggère de l'annuler, « il n'en est pas question, lui dis-je, Quentin n'est pas mort ! » Le 10 octobre, la veille, je lui envoie encore un message, comme une bouteille à la mer, désespérée :

« Coucou Quentin. Si par bonheur tu ouvrais ton portable ! Si tu savais comme ne pas avoir de tes nouvelles est dur. Tu nous manqueras cruellement demain pour la fête de papi et mamie. Manifeste-toi. Merci. »

Jusqu'au bout, malgré les évidences, je continue de rêver à son arrivée à l'improviste. Le jour fatidique, je dois pourtant m'y résoudre. Je ne verrai jamais la silhouette de Quentin apparaître dans l'embrasure de la porte.

Lors de la soirée, toutes les conversations portent sur lui. Jamais absent n'aura été aussi présent. Je lui ai envoyé un message pour lui dire qu'il nous manquait et qu'il était dans nos cœurs. Il y avait une inquiétude diffuse, difficile à verbaliser. Mon grand frère tente de me rassurer : il plaide le droit à l'aventure, m'explique que c'est un âge où on fait des expériences. Je fais semblant d'y croire. Ou plutôt, je me force à y croire. Avec Thierry on tente de faire bonne figure : on danse, on chante, on donne le change. Je fais beaucoup d'efforts pour masquer ma tristesse. Et surtout cette angoisse qui m'envahit et s'incruste.

13

Section antiterroriste

D'une certaine manière, Quentin a tenu parole. Après quatre longues semaines sans nouvelles, de messages restés sans réponse et d'appels échouant inlassablement sur son répondeur, il se manifeste enfin le 27 octobre 2014. Soit un mois jour pour jour après son précédent message et la durée de son pseudo-apprentissage de l'arabe. L'appel est arrivé sur le téléphone portable de son père. Nous avons manqué la communication mais le numéro qui s'affiche sur l'appareil de Thierry débute par + 963. L'indicatif de la Syrie !

Nos derniers espoirs – nos dernières illusions, diront certains – s'évanouissent devant ces trois chiffres. Il n'y a désormais plus aucun doute : notre fils a bel et bien rejoint cette terre à feu et à sang où les groupes rebelles à l'origine de la révolution contre le régime sanguinaire de Bachar el-Assad sont chaque jour un peu plus défiés par des combattants islamistes sans foi ni loi, si ce n'est celle de la terreur. Au mois de juin, l'organisation que l'on appelle encore l'État islamique en Irak et au Levant (EIIL) a proclamé son califat islamiste. Son leader Abou Bakr Al-Baghdadi s'est autoproclamé calife. Nul ne peut l'ignorer et Quentin encore moins. Je n'ose y croire mais la réalité est là : Quentin est en Syrie. Nous l'avions souvent entendu défendre la cause des rebelles, elle-même saluée par le président François Hollande, et il avait même confessé avoir de la reconnaissance pour les volontaires étrangers partis combattre Bachar el-Assad. Mais il s'empressait de préciser qu'il n'avait pas le courage de s'engager dans ce conflit. J'avais eu la faiblesse de le croire. Je dois encaisser la nouvelle, le vertige me gagne mais j'ai toujours du mal à admettre qu'on parle bel et bien de mon fils. C'est pourtant la triste vérité. Avec Thierry, nous entrons dans une nouvelle catégorie : nous sommes désormais des « parents de djihadiste ».

Son message d'une minute et quarante-huit secondes, entrecoupé de sanglots, déchire le cœur. Le son n'est pas toujours très bon. On a l'impression qu'il est en train de marcher, le vent souffle fort. J'imagine qu'il est à l'extérieur d'une grande agglomération. Mais on le reconnaît très distinctement :

« Allô bonsoir, ici Quentin. Je suis désolé, je n'ai pas envoyé de message, ça fait un petit moment. Comment dire ? Je vais bien, ne vous inquiétez pas je vais bien. Il n'y a pas de problème. Vous devez croire que je ne suis [inaudible], mais ne vous inquiétez pas, je vais bien, tout va bien. Voilà c'est juste pour vous dire que je suis parti aider des gens, d'accord ? Des gens qui ont besoin de moi aujourd'hui et, comment dire ? Je ne peux pas vous dire où je suis exactement, d'accord ? Donc ne vous inquiétez pas, je veux juste que vous sachiez, comment dire ? Je ne veux pas que vous vous inquiétiez, c'est juste ça. Je suis parti aider des gens. Vous savez comment je suis, je suis parti aider des gens. Je suis parti les aider parce que pour moi c'est quelque chose qui me tient à cœur. Je vous rappelle dès que je peux. Et voilà je voudrais juste entendre votre voix un petit peu [il sanglote]. Mais ne vous inquiétez pas, je vous assure que je vais bien. Je suis heureux où je suis. Je fais des choses parce que je sais que c'est la vérité. Et le but un jour c'est que vous compreniez que ce que je fais, c'est la vérité. Je vais vous rappeler dès que je peux, mais je ne peux pas vous appeler beaucoup parce que je n'ai pas de portable. Parce que je suis dans une zone où, comment dire ? je ne peux pas utiliser mon portable. D'accord ? Donc ne vous inquiétez pas, je vais bien. Ne croyez pas que je suis kidnappé. C'est moi qui ai voulu faire ça et je suis parti aider des gens. Je suis parti aider des gens, ne vous inquiétez pas pour moi. Sachez que je vous aime, mais ne croyez pas que je me suis fait kidnapper ou quoi que ce soit, d'accord ? [les sanglots reprennent]. Je vous embrasse, bisous à tous. »

Entendre sa voix est une souffrance mais aussi un immense soulagement. Il est en vie, c'est la principale information et la plus rassurante. Mais le contenu est extrêmement préoccupant. Son insistance à nous enjoindre de ne pas nous inquiéter est tellement excessive qu'elle produit l'effet inverse. À l'angoisse succède la peur. La vraie. Celle de savoir si on le reverra un jour.

Et puis il ne nous dit pas tout sur ce message. Grâce à l'indicatif, nous savons qu'il est en Syrie, mais il n'ose pas l'avouer. Sans doute car il a conscience de l'effet que produirait une telle révélation. C'est un nouveau mensonge de sa part. Par omission certes, un nouveau mensonge quand même. Le groupe qu'il a rejoint l'y oblige aussi, m'expliqueront plus tard d'autres parents concernés.

Un autre aspect nous fait particulièrement mal : à aucun moment il n'ouvre la porte à un retour. Il ne fixe aucun délai et ne promet jamais qu'il va rentrer. Il donne d'emblée l'impression d'avoir fait un aller sans retour. Et il insiste à deux reprises sur le fait qu'il a choisi lui-même de faire ce voyage. C'est terrible. Tout comme le sont ses sanglots.

Des pleurs qui, paradoxalement, sont peut-être la seule lueur d'espoir de cette communication. On y perçoit l'attachement et l'amour qu'il porte à sa famille et la conscience du tort qu'il nous cause. Ses hésitations dans la voix et les nombreuses répétitions dans son message trahissent une conviction sans doute encore chancelante. Son humanité est là et on s'accroche à l'espoir qu'elle lui donnera la force de faire demi-tour. On essaie de le rappeler immédiatement. En vain. Un répondeur en langue arabe s'enclenche.

Ce message, aussitôt transmis à la police, va également accélérer l'enquête judiciaire. Cette fois, nous recevons un appel du siège de la police judiciaire parisienne, le célèbre 36, quai des Orfèvres. Les services de la section antiterroriste (SAT) souhaitent nous rencontrer, Thierry et moi. Jusqu'ici nous avions affaire avec l'antenne locale du Raincy de la Direction générale de la Sécurité intérieure (DGSI), la nouvelle appellation des Renseignements généraux (RG). Un changement de service qui traduit l'aggravation du cas de Quentin, aussi bien aux yeux des enquêteurs que des nôtres.

C'est surtout la première fois que le mot de « terrorisme » s'invite dans notre quotidien. Pour nous, Quentin n'était « que » parti au mauvais endroit. On ne se plaçait pas dans une perspective criminelle, et encore moins celle-là. Il est désormais fiché, recherché par Interpol pour ses liens avec une organisation qualifiée de terroriste. Son simple départ l'accuse, même s'il n'a rien fait.

Le 30 octobre, une perquisition se déroule dans la maison. Les policiers emportent notre ordinateur, mais aussi quelques documents dans la chambre de Quentin. En quelques jours, on doit décidément absorber beaucoup d'émotions.

Les enquêteurs décident de nous interroger une nouvelle fois. Les auditions sont très longues. La mienne s'étire pendant cinq heures, celle de Thierry en prendra deux de plus. Yannis, aussi, est entendu. Tout comme mon père, en Normandie. Le policier doit explorer toutes les pistes et, nous le comprenons alors, également la piste familiale. Je ne les blâme pas, c'est leur travail. Plusieurs exemples de radicalisation en famille ont malheureusement défrayé la chronique. Mais c'est une nouvelle violence. Après l'angoisse et la peur, la suspicion.

Nous devons reprendre la vie de Quentin à zéro et souvent détailler à nouveau des événements déjà évoqués avec leurs collègues trois semaines plus tôt, lors de la déclaration de disparition suspecte. Le capitaine de police veut tout savoir de sa vie : ses études, ses relations sentimentales, sa pratique des réseaux sociaux... On revient en profondeur sur les différentes étapes de sa conversion et de sa radicalisation, ainsi que sur sa pratique religieuse. Il insiste pour obtenir des informations sur ses fréquentations, ses visites à la mosquée. Il cherche à savoir qui aurait pu encourager, faciliter, financer et organiser ce départ. C'est leur priorité, mais également la nôtre. Et nous sommes bien en peine de pouvoir répondre. Encore aujourd'hui, ces questions nous obsèdent et nous n'avons quasiment aucun élément pour y répondre.

Les policiers ont d'emblée été très clairs : ils ne nous tiendront pas au courant des éventuelles avancées de l'enquête. On peut dire qu'ils ont tenu parole… Les seules informations glanées nous sont venues de l'extérieur, via des contacts à Sevran notamment.

Je me souviens encore de cet échange avec le capitaine de police, en haut du mythique escalier du 36, quai des Orfèvres. Le policer était charmant, un père de famille chez lequel j'ai ressenti de la compassion à l'égard de ma douleur. Mais il est affirmatif : « Non, je ne vais pas vous aider. » Il me précise aussi qu'il n'est absolument pas question d'aller le chercher, que c'est de la science-fiction que de l'imaginer. « Gardez le contact avec votre fils, et c'est vous qui allez me donner des infos », explique-t-il en revanche. Et là, au moment de partir et de franchir l'imposante porte en bois, c'est dur. Un poids s'abat sur mes épaules, j'ai les larmes aux yeux. Je me rends compte surtout d'une chose : on est tout seuls. Vraiment tout seuls. Quentin est pris dans un piège… et nous aussi.

14

Appels à l'aide

De l'aide, et vite. Personne n'a su nous aider à freiner la radicalisation de Quentin, personne n'a su détecter son départ et encore moins le prévenir, espérons qu'on nous aidera au moins à gérer la relation à distance très particulière qui va s'engager.

Le jour de son message en provenance de Syrie, nous avons un premier échange avec la plate-forme téléphonique « Stop-djihadisme », mise en place par le gouvernement en avril 2014. C'est le fameux numéro vert 0800 00 56 96. Une initiative salutaire dont nous n'avions malheureusement pas eu connaissance. Le maire de Sevran n'avait pas jugé bon de le diffuser dans le magazine municipal, sur le site ou en affichage public, alors que sa commune est l'une des plus touchées en France par ce fléau. C'est grâce à la police qu'on obtient les coordonnées. Le commissariat de Sevran lui-même ne nous en avait pas parlé.

Ce soir-là nous avons un homme au téléphone. On lui explique brièvement notre situation. L'essentiel de l'échange consistera à nous faire passer le questionnaire d'évaluation de la radicalisation de Quentin. Depuis, je sais qu'il a été complété et affiné, de manière à mieux déceler les profils à risque. Les questions s'enchaînent, environ une dizaine. Quentin faisait-il ses cinq prières quotidiennes ? Oui. Consommait-il de la viande halal ? Oui. Se rendait-il régulièrement à la mosquée ? Oui, le vendredi. Jusque-là, rien que de bien légitime pour un musulman pratiquant. Les interrogations suivantes sont plus sensibles. Prononçait-il certains mots en arabe, comme par exemple le mot « diable » ? Non. Nous traitait-il de mécréants ? Non. Au final, il nous dit que Quentin est radicalisé à 70 %. Ça me fait une belle jambe !

Cela m'évoque le discours de la Grande Mosquée de Paris : Quentin est sur le fil, il est ignorant, normal pour un jeune converti, ça va lui passer. Bon, très bien, il n'est pas encore totalement atteint. Sauf que, là, il est parti. Au passage, ça signifie qu'il ne faut pas nécessairement être radicalisé à 100 % pour franchir le pas. Mais, pour nous, l'heure n'est plus à la pose d'un diagnostic que nous avions d'ailleurs déjà fait par nous-mêmes. L'urgence est ailleurs.

L'objectif est très clair et très simple : il faut arriver à faire revenir Quentin parmi nous. Parce qu'il n'y a pas d'autre solution si on veut le revoir.

La police ou même l'armée n'iront pas le chercher. Ils ont été catégoriques.

Avec Thierry, on s'est posé la question d'y aller nous-mêmes pour tenter de l'arracher des griffes de cet enfer. Je sais que d'autres parents l'ont fait mais quasiment sans aucun succès. On s'est très vite rendu compte que les obstacles étaient bien trop nombreux. Déjà, partir mais pour aller où ? On n'avait aucune idée de l'endroit où Quentin se trouvait. Il n'avait même pas osé nous dire qu'il était sur le sol syrien…

Près d'un an après, il nous a révélé être à Raqqa, le fief de Daech. Mais Raqqa, on n'y va pas. Personne n'y va. Sans compter que ni Thierry ni moi ne parlons arabe, ce qui complique encore la donne. Il aurait d'abord fallu dégoter un interprète de confiance et, en plus, l'emmener dans une zone ultra-dangereuse. Impensable. Conscients du risque d'une telle entreprise, on avait d'ailleurs prévu avec Thierry, si ce projet un peu fou s'était concrétisé, d'y aller seuls, ou chacun son tour, au cas où quelque chose nous arriverait. Un dernier argument nous a définitivement découragés de le faire : imaginer que, dans l'hypothèse où nous aurions réussi à l'atteindre et à lui parler de vive voix, il refuse de partir. Je sais que pareille déconvenue est arrivée à certains. C'est atroce. Je pense que ça nous aurait définitivement détruits. L'idée de se rendre sur place est donc quasiment repartie aussi vite qu'elle est venue, sur l'insistance de Yannis aussi qui ne veut pas que l'on se mette en danger. Il n'a pas fallu longtemps pour se rendre compte à quel point c'était dangereux et inefficace. Malgré l'irrépressible envie de le faire, je ne conseillerai jamais à quiconque de s'engager dans un projet aussi aventureux.

Il n'y avait qu'une seule solution : provoquer chez lui un déclic qui le pousse à faire demi-tour. Dans mon entourage, je connais une personne restée prisonnière d'une secte pendant dix ans. Impossible de la faire sortir. Mais, un beau jour, elle a décidé de s'enfuir, de se libérer de l'emprise mentale dont elle faisait l'objet. La décision est venue d'elle et d'elle seule. Avec Quentin, je comprends qu'il faudra également compter sur une prise de conscience, voire sur un dégoût, pour lui donner la force et le courage de fuir.

Me voilà à nouveau face à un défi de taille. Et sans ressource. Personne n'a encore jamais écrit *Le Retour du djihad pour les Nuls*. C'est pourtant d'un tel ouvrage dont tous les parents dans notre situation auraient besoin : un véritable recueil de contre-propagande avec des exemples précis correspondant à chaque situation. Yannis a même envisagé la réalisation d'un tel site… En l'absence d'un quelconque guide, je vais à nouveau devoir improviser. Comme pour la période de sa radicalisation, je multiplie les appels à l'aide tous azimuts, avec une urgence supplémentaire.

Le soutien serait d'autant plus nécessaire que Quentin, après une période de silence quasi total, va se montrer extrêmement bavard pendant tout son séjour syrien. Ce n'est pas forcément la norme mais, en ce qui nous concerne, nous allons parvenir à conserver des échanges très réguliers avec lui.

Son premier mail tombe le 20 novembre, c'est-à-dire presque un mois après son premier appel. Je me souviens parfaitement de ce moment. J'étais dans le RER en train de pianoter sur mon téléphone lorsque je découvre que Quentin est connecté. Je lui réponds immédiatement pour le supplier de rester en ligne. J'alerte en même temps Thierry et Yannis pour qu'ils engagent la conversation avec lui. Son téléphone le géolocalise à la frontière turco-syrienne dans un cybercafé. Je suis tellement soulagée : ça prouve qu'il ne nous oublie pas.

« Salut tout le monde », écrit-il comme si de rien n'était, avant d'invoquer des problèmes de connexion pour justifier l'absence d'appel. « Avec les événements qui se passent dans le monde, je suis parti rejoindre un pays où je peux vivre ma religion », poursuit-il directement dans le vif du sujet. On ne le sait pas encore, mais l'islam va occuper une bien trop grande partie de nos échanges.

J'ai l'impression qu'en renouant le contact avec Quentin, je tiens une chance de réussir à le convaincre de revenir. Je m'efforce donc d'être stratégique pour ne pas gâcher cet atout. Grâce à une connaissance commune, Thierry et moi avons rencontré Christophe Naudin. À l'époque, c'est un spécialiste de sûreté aérienne régulièrement interviewé par les médias. Il travaille également sur la menace terroriste. Depuis, il a fait beaucoup parler de lui mais dans des circonstances controversées. Il s'est illustré en participant à l'évasion, en octobre 2015, des deux pilotes français retenus en république Dominicaine dans une affaire de trafic de cocaïne[1]. L'opération a parfaitement fonctionné, mais Christophe Naudin a ensuite été arrêté en Égypte à la demande des autorités dominicaines pour son implication dans ce projet. Transféré sur place en mars 2016, il a été placé en détention provisoire dans l'attente de son procès.

Je me garderais bien de m'exprimer sur ces événements qui font l'objet de plusieurs procédures judiciaires. Mais, quand je fais appel à lui, c'est un consultant qui semble jouir d'une bonne réputation. Je ne suis pas là pour mener une enquête sur lui, seulement pour obtenir de l'aide. Il présente bien, les premiers contacts sont bons et surtout il accepte de se pencher sérieusement sur notre cas et c'est bien là l'essentiel pour moi. À ce titre, je lui serai infiniment reconnaissante.

C'est une bouffée d'oxygène de pouvoir s'adresser à un interlocuteur qui accepte d'offrir son soutien sans nous juger. À vrai dire, je ne sais pas trop ce qu'un spécialiste de sécurité aérienne peut

1. Un dossier dans lequel ils clament leur innocence et pour lequel ils font l'objet de poursuites dans le cadre de l'enquête en France.

nous apporter, mais je compte sur son réseau. D'ailleurs, il me fait comprendre qu'il pourra essayer de nous aider à exfiltrer Quentin, en passant par la Turquie. Je ne sais pas si c'est sérieux, au moins ça me rassure de tomber sur quelqu'un qui ne se résigne pas à la situation dans laquelle mon fils s'est mis. Même s'il faut en passer par des barbouzes, je n'ai qu'un seul horizon en tête : récupérer Quentin en vie.

Je décide donc de lui transmettre ses tout premiers messages pour réfléchir aux meilleures réponses à y apporter. Dans un premier temps, Christophe Naudin nous conseille de nous assurer que Quentin en est bien l'auteur. Il suggère donc de poser plusieurs questions pièges. Avec Thierry on s'exécute en parlant de la visite de sa grand-mère pourtant décédée, ou bien de la naissance de chatons alors qu'il est censé savoir que notre chatte ne peut plus avoir de portée puisqu'il l'a lui-même emmenée se faire stériliser. Curieusement, il ne réagit pas à ces anomalies. Thierry est très troublé. Moi aussi mais le contenu des échanges lève rapidement mes doutes : je retrouve le même mélange de douceur à notre égard et d'obstination intégriste que nous avons subi avant son départ. Je n'ai plus aucun doute lorsqu'il envoie une première photo sur laquelle il apparaît souriant dans ce qui ressemble à un appartement.

Je reprends donc à nouveau contact avec Christophe Naudin. Il nous conseille de ne pas le braquer et, surtout, de lui poser plusieurs questions précises sur sa vie quotidienne – conditions météorologiques, conditions d'hygiène, etc. – susceptibles de renseigner l'endroit où il se trouve. Ce sont évidemment des informations qui m'importent et peut-être comptait-il analyser les réponses. En tout cas, le résultat est plutôt décevant, Quentin n'est pas très bavard sur cet aspect-là. Au final, je ne sais pas si ce bref partenariat avec Christophe Naudin a servi à quelque chose. Mais au moins lui aura essayé de nous aider. Il nous a guidés dans ces premiers moments et a nourri notre espoir.

Une autre personne nous a tendu la main et conseillés : Mourad Benchellali. Ce Français originaire de la région lyonnaise s'est laissé embarquer par son frère pour faire le djihad en Afghanistan en 2001. Capturé par les Américains, il a été détenu deux ans dans le camp de Guantanamo dans des conditions très difficiles. Depuis son retour en France et une brève incarcération, il s'est énormément investi dans la lutte contre la radicalisation islamiste. Il participe à de nombreuses rencontres dans des écoles, des associations, des salles de sport ou des mairies pour dissuader les jeunes de s'envoler vers la Syrie[1]. C'est Jade qui est la première à nous le conseiller. J'attends de lui des conseils et un soutien moral. Là encore, je regrette de ne pas l'avoir

1. Voir également ses livres : *Voyage vers l'enfer*, avec Antoine Audouard, Robert Laffont, 2006 ; *Le Piège de l'aventure*, avec Antoine Audouard, « Documento », Robert Laffont, 2016.

rencontré alors que Quentin était toujours parmi nous.

Dès que je le contacte, il accepte volontiers d'essayer de nous apporter son aide. Nous l'invitons à prendre un café à la maison après une conférence qu'il anime à Drancy. C'est un homme adorable. Il est très lucide sur son parcours, c'est aujourd'hui un homme apaisé, un sage très pieux dont le discours est exempt de toute haine. Quand je le vois, j'imagine déjà Quentin à sa place quelques années plus tard, dans la peau d'un repenti en train d'œuvrer à la prévention... Mais comme avec toutes les personnes que j'ai essayé de lui faire rencontrer avant son départ, Quentin le dénigre de manière outrancière, tout en acceptant qu'il ait souffert : « Il ne connaît pas l'islam et le but de l'islam. La preuve : lorsqu'il est parti en Afghanistan, ce n'était pas pour un but religieux. Si je n'avais pas de but religieux tu crois que je serais parti. C'est parce que je crois en Allah que je suis parti et que le djihad fait partie de la religion. Il ne sait pas pourquoi il y a le djihad. Bref il est juste ignorant », rétorque-t-il, cinglant. Mourad Benchellali n'est jamais rentré en contact avec Quentin. C'est dommage, mais cela aurait-il changé la donne ?

Ces soutiens ponctuels vont malheureusement être beaucoup trop limités. J'ai par exemple été déçue, une nouvelle fois, par la Grande Mosquée de Paris. Aussitôt après le départ de Quentin, j'ai envoyé un courrier pour les avertir, en leur rappelant ma visite précédente. J'avais besoin de leur aide théologique pour répondre à ses nombreux messages, remplis d'extraits du Coran. Je n'ai jamais obtenu de réponse.

C'est finalement auprès de parents dans la même situation que nous allons véritablement trouver une oreille attentive et bienveillante. Pendant les premiers mois de ce calvaire, ce sera notre unique bouée de sauvetage.

15

Cellule de parents

La situation est beaucoup trop douloureuse : j'ai un impérieux besoin de partage et de conseils. En cas de coup dur, je veux trouver un espace pour m'épancher, une soupape pour évacuer le trop-plein de peine et d'incompréhension. N'ayant pas réussi à trouver le bon interlocuteur dans mon réseau, j'entame une recherche sur Internet.

Le premier nom sur lequel je tombe est celui de Dounia Bouzar. Cette ancienne éducatrice de la protection judiciaire de la jeunesse reconvertie dans l'anthropologie est l'une des premières à avoir attiré l'attention du public sur les dangers du djihadisme. Elle a créé sa propre structure, le Centre de prévention contre les dérives sectaires liées à l'islam (CPDSI). Elle est devenue très médiatique mais, à l'époque, je ne la connais pas. J'ai tenté de la joindre et lui ai laissé des messages, par mail et par téléphone. Puis elle nous a fait appeler par l'un de ses collaborateurs, pas du tout professionnel – j'ai par la suite appris qu'elle s'en était séparée. Thierry qui reçoit l'appel à la maison est hors de lui. Cette prise de contact ne nous a pas du tout convaincus et nous n'avons pas insisté. Nous avons le sentiment d'avoir subi un pré-casting, alors que nous voulions un rendez-vous concret, d'urgence.

Je cherche ensuite à rentrer en contact avec la Miviludes dont j'ai déjà parlé, la mission interministérielle de vigilance et de lutte contre les dérives sectaires. Sans plus de succès. De guerre lasse, je finis par laisser des messages sur plusieurs forums spécialisés d'Internet, expliquant que je suis à la recherche de groupes de parole.

La seule personne à me répondre est Dominique Bons, de Toulouse. Je ne la remercierai jamais assez d'avoir été la première maman concernée à me tendre la main. Un lien émotionnel très fort me rattache à elle. Son histoire a été évoquée à de nombreuses reprises dans les médias : elle a perdu son fils Nicolas en Syrie, début 2014. Comme Quentin, c'était un converti qui s'était progressivement radicalisé. Le demi-frère de son fils avait, lui aussi, péri dans les mêmes conditions cinq mois plus tôt.

Suite à ce drame, Dominique s'est énormément investie dans la prévention, en créant son association « Syrien ne bouge, agissons ». Or, quand elle me contacte, je ne suis pas au courant de son histoire. J'ai beau suivre l'actualité, je suis passée au travers. Il faut dire que, jusqu'au départ de Quentin, je ne me suis jamais vraiment plongée dans les articles sur le djihadisme. J'ai axé mes recherches sur la religion, pas sur ses déviances. Son récit m'ébranle et m'atteint directement au cœur : je réalise vraiment ce que signifie le départ de Quentin en Syrie. À savoir que la mort pourrait très bien en être l'issue. Bien entendu, je n'étais pas totalement déconnectée et je savais parfaitement que plusieurs combattants étrangers avaient succombé en Syrie ou en Irak. Cette peur-là, diffuse, était en moi et, en entendant Dominique, elle se matérialise. J'ai beau me persuader que Quentin va y échapper et passer entre les balles, je dois me résoudre à cette terrifiante réalité. Dans mon esprit, Quentin est parti pour vivre l'islam dans une démarche mystique, non pour combattre et perdre la vie. Mes ultimes illusions vacillent.

Dominique se montre très prévenante à mon égard. Elle me confirme ce que je savais déjà : face à ce cauchemar, il ne faut pas compter sur l'aide des autorités qui ne vont pas rechercher les jeunes. Elle habite loin de Paris, mais elle me promet qu'elle va me faire rencontrer d'autres parents concernés dans la région parisienne. Je me rends compte à quel point j'étais naïve à l'époque ; car, surprise, j'ignorais qu'autant de parents se trouvaient dans ma situation. C'est donc un choc lorsque je réalise que nous sommes des dizaines en région parisienne à nous trouver englués dans le même calvaire. D'un seul coup, je me sens moins seule et c'est très réconfortant. Jusque-là j'ai toujours eu l'impression de me battre dans mon coin et, même si c'est déprimant, ça me redonne des forces de savoir que je me battrai avec d'autres.

Grâce à Dominique, nous recevons un couple à la maison début novembre, Anissa et Robert. Deux de leurs enfants, un garçon et une fille, sont partis en Syrie. Leur histoire est différente de la nôtre : leurs enfants sont partis de manière subite alors qu'ils ignoraient leur conversion. Leur fille avait fait la rencontre d'un djihadiste sur Internet dont elle était tombée amoureuse et qu'elle avait souhaité rejoindre. Son frère l'a accompagnée. Leur fille depuis, a donné naissance à deux enfants et leur fils s'est marié. Je me suis souvent demandé comment j'aurais vécu de devenir grand-mère si Quentin avait eu un enfant. Pour en avoir parlé avec plusieurs parents concernés, je sais que c'est une souffrance supplémentaire. L'angoisse est démultipliée. D'une autre manière, même conçu dans des circonstances très particulières, ce bébé aurait malgré tout incarné la suite de Quentin.

La visite de ce couple m'ouvre les yeux. La discussion avec Dominique avait créé une brèche, mais là j'entre encore plus dans l'analyse du phénomène djihadiste. La maman me parle de signes avant-coureurs, de livres de propagande, de l'utilisation de parfums islamiques, de musc sans alcool… Elle me donne un conseil : ne pas évoquer son retour directement avec Quentin. Elle m'assure que les conversations sont surveillées et qu'en parler trop frontalement risque de l'exposer et de compromettre ses chances. Je ne sais pas quoi en penser, je me range pourtant à ses conseils. C'était de toute façon mon inclination naturelle : n'ayant jamais entendu Quentin évoquer lui-même son départ, j'avais d'emblée adopté une certaine prudence.

C'est la première famille aussi à me parler de l'usage d'une drogue là-bas, le captagon, et des changements physiques visibles qu'elle provoque sur les jeunes, avec les yeux dans le vague. Je pense que c'est effectivement plus qu'une rumeur, même si ça n'est pas prouvé. À défaut de drogue le captagon est en tout cas utilisé comme antalgique.

Quelques jours plus tard, Anissa me contacte à nouveau et me parle d'une réunion de parents. Les rencontres se déroulent dans un lieu, à l'époque tenu secret, à Aulnay-sous-Bois. Ironie du sort, l'appartement est pratiquement en face du complexe scolaire de l'Espérance où Quentin a suivi sa scolarité. Cette structure, dont j'apprends qu'elle est en place depuis le mois de septembre, est dirigée par Sonia Imloul, une militante associative. Une fois de plus, je regrette de ne pas avoir eu connaissance plus tôt de son existence, car ses membres auraient peut-être pu m'aider. Outre l'accompagnement des parents, sa mission est aussi de prévenir la radicalisation, avec une méthode controversée puisqu'elle doit faire appel à des médiateurs salafistes dits quiétistes, c'est-à-dire des musulmans désirant suivre l'islam des origines mais non violents. Je ne saurai jamais ce que ce procédé aurait donné avec Quentin.

Le 14 décembre 2014, avec Thierry nous assistons à notre première réunion. Outre Sonia Imloul et ce premier couple qui nous a rendu visite à la maison, nous faisons connaissance avec d'autres parents. Les situations et les origines géographiques sont très variées : un couple, Christine* et Julien*, très investis dans la structure, dont la fille, convertie, fut l'une des premières mineures à se rendre en Syrie en juin 2013 ; une mère de confession musulmane, Marion*, dont le fils, repenti, est en prison depuis son retour ; un papa, Farid*, lui aussi de confession musulmane, dont le fils, plus âgé, est parti ; Sophie*, dont le fils est radicalisé mais encore en France… Des profils différents mais une même douleur qui nous soude. Très vite, on sent naître une certaine solidarité entre nous. On s'approprie les histoires des uns et des autres. C'est à la fois réconfortant et rassurant.

Cette première rencontre nous a convaincus. Elle nous a surtout semblé utile. Pendant plusieurs mois, on va donc se rendre les dimanches après-midi dans ce grand appartement spacieux et moderne qui ne ressemble en rien à un local de réunion. L'ambiance est conviviale. On partage du thé, du café, des gâteaux, des apéros parfois aussi. On échange sur les différentes factions engagées dans le conflit syrien, cherchant à savoir dans quel camp notre enfant pourrait se situer. On essaie aussi de trouver des explications à leur engagement, à leur intégrisme.

Le principe est calqué sur celui des Alcooliques anonymes : on organise des tours de table et on peut prendre la parole à sa guise. On a le droit de tout dire, rien n'est censuré ; on peut pleurer, gueuler, se lamenter, se prendre dans les bras… On n'est jamais jugés et c'est le plus important. On partage nos espoirs mais aussi nos peines, notamment en mars quand on apprend que le frère d'une des participantes, Amina, est mort en Syrie, victime en fait d'un accident de voiture. C'est un jeune homme qui vivait et travaillait à Sevran et son décès me touche particulièrement. Mon journal intime en garde la trace : « Un coup de poignard au cœur, c'est comme si c'était Quentin. » J'ai pleuré dans les bras d'une collègue en l'apprenant.

Mais les rencontres ne sont pas structurées, ce qui finira par nous lasser. Aucun ordre du jour n'est fixé et les discussions sont trop hétéroclites, sans but précis. Comme on n'a pas vraiment l'habitude de rester passifs, on s'implique progressivement avec Thierry. On essaie de faire valoir des initiatives nouvelles, avec cette idée, à laquelle Thierry est très attaché, d'attaquer l'État islamique devant la Cour pénale internationale (CPI) de La Haye, ce qui permettrait d'asseoir notre statut de victime.

On phosphore aussi sur les actions à mener pour lutter contre l'endoctrinement. À l'époque, les campagnes ne nous semblent pas efficaces, beaucoup trop institutionnelles et pas assez tournées vers les jeunes. On sent que la contre-propagande doit être améliorée, on veut faire bouger les choses.

Cette structure de dialogue n'est pas clandestine. Au contraire, elle est même très officielle puisqu'elle est validée par le Centre interministériel de prévention de la délinquance, l'organe chargé de la lutte contre la radicalisation. C'est pourquoi deux psychologues (dont une stagiaire) nous accompagnent, ainsi qu'un jeune étudiant juriste susceptible de nous aider dans les démarches à suivre. Comme c'est un dispositif pionnier, il y a de nombreuses visites extérieures : des fonctionnaires de différentes préfectures qui souhaiteraient s'en inspirer, des équipes de Matignon ou bien des journalistes. Tout le monde tâtonne, cherche la bonne formule et vient nous observer. Nous avons la curieuse impression d'être devenus des rats de laboratoire.

Le 20 décembre 2014, nous recevons la visite du ministre de l'Intérieur, Bernard Cazeneuve. Grâce à un membre de ma famille qui habite Cherbourg, la ville dont il fut longtemps maire, j'avais déjà tenté d'entrer en contact avec lui. Il m'avait très gentiment fait répondre. Cette fois, nous allons pouvoir nous adresser à lui directement. L'équipe a préparé un couscous pour le repas. C'est une visite privée, il n'a pas convié la presse. Il est entouré de deux préfets, ceux de Paris et de la Seine-Saint-Denis.

Je découvre une personne très simple qui se présente d'abord en tant qu'homme. Il nous fait part de sa compassion. C'est aussi un père de famille qui assure avoir pleinement conscience que ça aurait pu arriver à ses enfants. Ces paroles-là sont très importantes, non seulement il comprend à quel point tout le monde, quels que soient son origine ou son milieu social, peut être concerné mais, en plus, il nous délivre de toute culpabilité. C'est capital.

Mais c'est aussi le ministre de l'Intérieur, celui dont la fonction exige une réponse ferme et autoritaire. Il s'adresse à nous, et notamment à ceux dont les enfants sont incarcérés, en rappelant que la prison est un passage obligé. « Les services de police ont besoin de les entendre, et de savoir ce qu'ils ont vu ou fait sur place », insiste-t-il. Il promet que les peines seront proportionnelles à leurs actes, mais qu'ils ne pourront pas y échapper. C'est un discours sensé et mesuré et j'y adhère. Il nous confirme enfin ce que nous savions déjà : l'État n'ira pas chercher nos enfants sur le territoire de Daech.

Il nous encourage à garder le contact avec eux et à les inciter à passer la frontière vers la Turquie. À cet instant-là seulement ils pourront être pris en charge et transférés vers la France. Son passage nous laisse avec Thierry globalement une très bonne impression. Il ne résout pas tous mes problèmes, mais j'ai le sentiment d'avoir affaire à un ministre humain et à l'écoute.

L'attitude du préfet du 93 nous laisse plus perplexes lorsque les parents de la jeune mineure l'interpellent en lui rappelant l'avoir alerté avant le départ de leur fille sans jamais avoir eu de réponse ; ce à quoi il rétorque : « Nous ne savions que répondre et c'est la raison pour laquelle nous n'avons pas répondu. » Effarant mais vrai !

Avec Thierry, nous avons pourtant fini par nous lasser de ces réunions. Après plusieurs rencontres, on avait le sentiment de tourner un peu en rond. On pleurait beaucoup – et ça faisait du bien –, mais aucune solution concrète n'émergeait. Cela devenait de plus en plus lourd. On rentrait à la maison le dimanche soir épuisés et abattus, et Yannis n'aimait pas nous voir comme ça. La frustration s'est installée et on a commencé à réduire la cadence au printemps.

À cette lassitude naturelle se sont ajoutées des déconvenues quant au fonctionnement même de la structure. On a ainsi découvert que le cadre administratif et financier de l'association était assez opaque. La structure, faute de transparence, a été fermée[1]. Puis, par la suite, il a fallu faire face à certaines rivalités de personnalités, et des conflits d'intérêts regrettables, sur lesquels je n'ai pas envie de m'étendre. En novembre 2015, lorsqu'une association de parents concernés sur l'initiative de Christine a voulu reprendre la main, plusieurs événements ne nous ont pas plu et des querelles qui n'auraient pas dû arriver dans notre situation ont jailli. La dernière

1. Le procès de Sonia Imloul est attendu en mars 2017.

réunion de parents à laquelle nous avons participé s'est très mal terminée, j'en suis sortie effondrée, meurtrie, avec le sentiment d'avoir été jugée par un tribunal.

Depuis, même si je continue à fréquenter de nombreux parents, auxquels je suis liée à jamais, je ne suis membre exclusif d'aucune association, mais je soutiens intellectuellement et moralement celles dont je me sens proche. Il n'est pas question pour moi de n'être que « parent concerné », je revendique le droit de prendre des intiatives, d'avoir des idées. Je tiens à rester active dans la lutte contre la radicalisation en tant qu'électron libre. Cela me convient mieux. Mais je ne veux pas non plus renier tout ce que cette cellule m'a apporté. L'écoute des parents a été primordiale, surtout à un moment où j'avais l'impression d'être seule à me battre dans le désert. Même si la fin me fait mal au cœur, je préfère retenir tout ce que j'ai retiré de ces nombreux échanges, notamment toutes les belles rencontres que j'y ai faites.

C'est grâce à ces réunions que j'ai fait la connaissance de Fabienne Servan-Schreiber, à l'initiative de parents, dont la société de production Cinétévé a permis le lancement de clips, de témoignages auxquels j'ai participé et qui m'ont fait connaître des médias, puis du grand public. Tout cela m'a en partie permis de surmonter la période la plus épuisante de toute cette histoire : subir et gérer les innombrables appels et messages envoyés par Quentin pendant un an, entre novembre 2014 et novembre 2015. Sans avoir les codes nécessaires pour les déchiffrer et les contrer et avec l'éternelle impression de me retrouver impuissante.

16

« Coucou maman »

Pendant toute la durée du séjour de Quentin en Syrie, je vais lui écrire ou l'appeler tous les jours. Par mail d'abord, sur WhatsApp ensuite. C'est considérable. Mais j'en ai impérativement besoin. C'est même thérapeutique : ce contact est vital, il me permet de tenir debout, de me lever chaque matin, d'aller au travail, de continuer à vivre. Même si les communications ne sont pas toujours excellentes et s'il lui arrive de disparaître plusieurs jours d'affilée, Quentin se montre lui aussi très assidu. Ça me prouve qu'il nous aime encore et que, malgré son départ et ses mensonges, il n'a pas abandonné sa famille. On lui manque et il ne se prive d'ailleurs pas pour le dire. Mais, « c'est un sacrifice que Dieu demande », dit-il.

Je suis obnubilée par le maintien de ce lien. Et c'est pourquoi je ne vais jamais cesser de l'entretenir. À l'époque je n'ai pas pris connaissance des réflexions de Dounia Bouzar qui recommande d'évoquer des souvenirs très personnels avec les jeunes sur place. Des « madeleines de Proust », comme elle les appelle, susceptibles de provoquer un choc émotionnel chez eux et, pourquoi pas, d'enclencher le déclic qui va les inciter à fuir. Spontanément, c'est le réflexe que j'avais eu avec Quentin. Je voulais l'atteindre au cœur, chercher le petit garçon espiègle et enjoué que j'avais élevé, enfoui sous la gangue de plus en plus épaisse du fondamentaliste le plus obtus.

Je l'abreuve donc de photos de son enfance : des anniversaires, des photos de famille, des paysages familiers. Je lui envoie aussi de brèves vidéos : un concert de son père, la plage de l'Île-d'Yeu où nous passions nos vacances, le jardin de la maison. J'insiste aussi sur la nourriture ; je lui raconte nos repas, je lui envoie des photos de gâteaux, de tartes aux pommes, de soupes au potiron ou de riz aux pois, la spécialité de sa grand-mère. Je veux lui faire partager notre quotidien, lui montrer qu'il est toujours parmi nous et qu'à son retour, il ne sera pas totalement déconnecté. Je veux qu'il retrouve cette part d'enfance qui le ramènera à la raison. Je me persuade que ça peut marcher. Je lui adresse aussi très régulièrement des poèmes ou des réflexions de savants ou d'écrivains pour entretenir ce qui lui reste d'esprit critique. Je profite de la pause-déjeuner ou de mes trajets quotidiens en RER pour m'astreindre à ces communications.

Mais, au gré de cette correspondance très fournie dont j'ai conservé l'intégralité, je vais vite découvrir qu'il existe deux Quentin : le fils et le djihadiste, alternant anecdotes personnelles et discours doctrinaires. Même si le second a vite pris le dessus, le Quentin d'avant n'a jamais totalement disparu. Jusqu'à la fin, il a systématiquement débuté tous ses messages par la même formule enfantine : « Coucou maman ». Et il a toujours signé de son nom Quentin et pas du nom arabisé.

Lors de nos tout premiers échanges il semble encore intéressé par les travaux de la maison auxquels il a participé et réclame entre autres des photos de la nouvelle cave. Il demande aussi des nouvelles de notre chatte Grisou. Sur place, il adopte même un chaton, dont il est tout fier de nous envoyer la photo. Au mois de juin 2015, entre deux discussions animées sur l'islam, on s'échange des photos et des vidéos humoristiques de chat… Surréaliste.

Quentin demeure, en revanche, très prudent sur sa situation personnelle. Dans une conversation téléphonique avec son père, fin novembre 2014, on apprend malgré tout qu'il se trouve à ce moment-là à Tal Abyad, une ville frontalière avec la Turquie longtemps occupée par Daech avant sa reprise par les forces kurdes en juin 2015. Il n'est pas maître de ses déplacements, il est a priori transporté en bus dans les différentes villes gérées par l'organisation État islamique. Mais c'est à Raqqa, la capitale autoproclamée de l'EI, qu'il passera a priori l'essentiel de son séjour. Une ville qu'il décrit comme « pauvre et sale mais avec des jardins encore parfois ».

Dans un de ses tout premiers mails en réponse à son père, il donne quelques détails sur sa vie quotidienne : « Je mange des frites, des kebabs, du riz, du poulet, du poisson, toutes sortes de choses. J'ai acheté des vêtements d'hiver, ne tkt[1] pas. L'État loge toutes les personnes qui viennent, peu importe la ville. Je suis avec des musulmans du monde entier. En ce moment avec des Allemands. Oui, l'hygiène est OK. Ce n'est pas comme en France, je ne me douche pas tous les jours mais je peux faire ma toilette, etc. Pour la télévision et la radio, ça dépend des villes. J'apprends l'arabe tout doucement je commence à comprendre, mais pour m'exprimer ce n'est pas ça encore. Je parle beaucoup en anglais avec les Allemands, Canadiens, Australiens, etc. Y a pas de race ici, on est tous frères. J'apprends ma religion, le sens des versets, pourquoi ils ont été révélés, dans quel contexte. »

En un an, c'est à peu près la seule fois où il se confiera aussi longuement sur sa vie privée. Tout juste apprendra-t-on qu'il déguste des boissons au tamarin, ou que des Françaises installées sur place vendent du pain fait maison. « Ça ne vaut pas celui de la France, parce qu'il n'y a pas tous les

1. Ne t'inquiète.

ingrédients mais ça passe », précise-t-il. Une autre fois, il envoie une photo de son petit déjeuner, essentiellement à base d'œufs. Ces considérations culinaires, aussi futiles soient-elles, me font du bien. J'ai l'impression d'être auprès de lui, de partager un peu de son quotidien. Il nous adresse aussi régulièrement des selfies. Je constate l'allongement de sa barbe et la fatigue qui se creuse sur son visage. Ça me fait mal au cœur, même si apercevoir son visage reste une bouffée d'oxygène. Tant qu'il y a de la vie, il y a de l'espoir.

Mais, hormis ses baignades dans l'Euphrate – « l'eau était superbonne, c'était cool » – ou des considérations météorologiques – chaud la journée, froid la nuit –, il est totalement muet sur ses activités. On sait simplement qu'il suit des cours de religion. Ou plutôt faudrait-il parler d'endoctrinement. C'est extrêmement frustrant de ne rien savoir du déroulement de ses journées. C'est très difficile de se projeter et j'en souffre. Je préfère en tout cas l'imaginer en étudiant plutôt qu'en combattant. « On protège des gens, on nourrit des gens », livre-t-il une autre fois sans s'épancher davantage, ce qui peut évoquer une mission de type humanitaire.

Dès que je me montre plus entreprenante, Quentin, qui change très régulièrement de numéro de téléphone, se crispe. Ainsi de cette conversation de janvier 2015 qui m'éclaire également sur les conditions de son départ.

« J'aimerais avoir une explication. Toi qui prônes d'être juste et soumis, pourquoi nous mentir ? nous cacher ton départ ? Alors que notre relation d'amour était basée sur la confiance, dire que tu ne pars qu'un mois et continuer ? (...) Je te pardonne beaucoup mais nous faire souffrir davantage par le mensonge, c'est cruel. Si seulement tu nous expliquais tes journées : tu ne travailles pas ! Tu es entretenu ? En quoi aides-tu les gens ? Tu distribues des repas ? Tu t'occupes d'orphelins ? Tu construis des maisons ? Tu soignes ? Pour moi ce serait ça être un bon musulman, un bon croyant, comme tu dis. Explique-moi le sens de ton départ. Nous cacher où tu es et avec qui ?

— Je comprends tes questions. Écoute, mon départ ça faisait un an que j'y pensais mais je ne pouvais vous le dire. La France devenait de plus en plus intolérante envers les musulmans qui voulaient partir et j'avais peur que, si je vous en parlais, vous en auriez parlé aux policiers par crainte. J'ai voulu me protéger. Comment vous dire sur un message vocal qui ne dure que deux minutes après un mois d'absence que je ne reviens pas comme ça. J'ai préféré t'avoir en direct au téléphone pour te dire ça, car je t'aime et je préférais essayer de consoler tes pleurs directement. Tu ne sais pas dans quelle situation je suis, mais crois-moi que j'ai fait mon possible pour te le dire au plus vite. »

Cette discrétion n'est évidemment pas très surprenante. Quentin a rejoint une organisation terroriste dans un pays en guerre. Pour lui, le danger vient du ciel. « Sachez qu'il y a des bombes qui tombent tous les jours (…). Je n'ai rien à te dire sur les personnes avec qui je suis, ça ne t'avancera dans rien. Et des avions peuvent bombarder, je ne souhaite pas te dire où je suis », lâche-t-il, passablement énervé en janvier 2015. Huit mois plus tard, alors que je m'inquiète de la recrudescence des frappes aériennes en Syrie, nous abordons à nouveau le sujet ensemble. Mais cette fois, c'est le Quentin endoctriné qui me répond :

« Te sens-tu en sécurité ?

— Oui, malgré tout, car je reviens vers Allah quand j'ai peur et je sais qu'il nous protège. Il protège ceux qui lui obéissent et ne laissera pas perdurer ceux qui attaquent sa religion.

— Tu as souvent peur à Raqqa ?

— Oui.

— Et que fais-tu quand tu as peur ?

— Je prie, maman. C'est ce qui est arrivé à tous les prophètes et ceux qui les ont suivis. C'est une épreuve pour tester si on est sincère. »

Prise dans le tourbillon de ces conversations à rallonge, j'essaie de ne pas perdre de vue mon objectif principal : envisager son retour ! D'emblée, Thierry s'enquiert de savoir s'il a la possibilité de se déplacer. « Non papa, je ne peux pas changer de pays, je serais arrêté aux frontières par les pays ennemis. Mais je suis bien où je suis », répond-il sans offrir de perspective. Mes interlocuteurs, notamment des parents avec davantage d'expérience que nous, m'ont globalement conseillé de ne pas aborder le sujet frontalement. Pour ne pas briser le lien, mais aussi pour ne pas le mettre en danger au cas où ses messages seraient surveillés. On va donc suivre ce conseil et tenter de manœuvrer plus subtilement.

Je lui parle, par exemple, de Dominique*, notre voisin arménien, en prétendant qu'il compte nous inviter à Istanbul et qu'il a de la famille pour nous recevoir : « Si on pouvait en parler de vive voix face à face ? Le ferais-tu si on part en Turquie chez Dominique ? » Mon approche fait un flop, Quentin ne daigne même pas répondre.

Plus tard, il nous informe qu'il a fait l'acquisition d'une moto. Cette nouvelle pourtant anodine fait naître en nous des espérances folles : je le rêve en train de fuir au guidon de sa moto pour nous rejoindre. J'insiste pour avoir des photos, je le presse de questions, au point même de le surprendre. Je dois bien admettre que cet espoir n'était que le fruit de mon illusion. Pire, à longueur de messages écrits ou vocaux, c'est lui qui ne cesse d'insister pour qu'on le rejoigne. « J'espère vous retrouver un jour en terre islamique », insiste-t-il régulièrement en nous demandant inlassablement de lire le Coran. Désespérant.

L'autre obstacle d'un éventuel retour, c'est sa crainte de se retrouver en prison. « Je n'ai rien fait de mal », nous dit-il. C'est une étape normale mais j'essaie de le rassurer. Je sais que, sur place, les cadres de Daech leur dépeignent un système judiciaire apocalyptique. Même s'il y aurait des choses à dire sur le traitement judiciaire de ces profils, je tente de le raisonner : « On met en place des solutions pour ceux qui rentrent et ne crois pas tout ce qu'on te dit là-bas sur la prison, c'est pour te dissuader. » J'ai aussi rencontré un avocat spécialisé dans la défense des jeunes de retour de Syrie, dont je lui envoie les coordonnées. Il est prêt à discuter avec Quentin des conditions de son retour. Autant d'initiatives qui n'ont aucun effet. Quentin explique ne plus se fier qu'à la justice divine, pas à celle des hommes. Preuve encore de son embrigadement.

À court d'argument, je me résous à miser sur la seule ressource qui me reste : le temps. Je me dis qu'avec les horreurs qu'il doit sans doute voir, il va se dégoûter lui-même. Avec son père, Quentin était convenu d'un mot de passe en cas de danger afin de manifester son désir de fuite. Malheureusement, il ne l'utilisera jamais.

Avec le recul, je pense que je n'aurais pas forcément dû suivre les consignes de prudence qui m'ont été prodiguées. J'aurais sans doute dû aborder de manière plus directe la question du retour et insister. Parce qu'on devient fou à vouloir inciter quelqu'un à commettre un acte dont on se prive de prononcer le mot. Ça n'aurait vraisemblablement rien changé, mais j'aurais au moins eu la sensation de tout tenter. J'en éprouve nécessairement des regrets, même si j'ai bien conscience que la tâche était sans doute ardue. Car, au lieu de se lasser, Quentin s'est enfoncé dans son intégrisme. Le temps n'a fait que renforcer sa détermination. Nos échanges ont été de plus en plus pollués par ses obsessions religieuses.

17

Conversations avec l'intégrisme

Relire tous les messages de Quentin, c'est se replonger dans l'enfer de son cerveau contaminé par l'obscurantisme religieux. Même si sa correspondance m'a permis de tenir le coup, elle m'a aussi épuisée, tant il a fallu encaisser des propos mécaniquement récités par cœur et dépourvus du moindre esprit critique, signés de « savants » musulmans. Le fanatisme avait pris une telle place que j'en suis même venue à redouter ses appels.

Dès que je raccrochais, j'appréhendais la communication suivante : sur quel Quentin allais-je tomber ? Malheureusement bien trop souvent sur l'intégriste, glorifiant Allah à longueur d'extraits du Coran. Celui capable d'écrire des pages entières pour dénoncer « la propagande de l'Occident qui consiste à dire que l'on descend du singe ». J'ai beau essayer de le raisonner en lui suggérant de lire les articles d'un paléoanthropologue du Collège de France, il n'est plus accessible au sens commun. Il se veut scientifique dans ses réponses : « La théorie de Darwin dit que des changements minimes durant de longues années ont amené à l'évolution des espèces : tout ça fait par le hasard. Le hasard *hahahahahah*. Tu te rends compte : laisser le hasard faire un livre et tu verras ce que ça va donner. Vous êtes des menteurs et vous reniez l'existence du créateur. Depuis quand le hasard donne quelque chose d'ordonné, d'organisé ? Les plus grands scientifiques disent que Dieu existe et qu'il régit l'univers. (…) Allah nous a envoyé des prophètes pour nous révéler la vérité. Et il dit que nous ne descendons pas du singe et qu'il nous a créés nous et l'univers. »

Il n'est désormais plus question que d'Allah dans quasiment chacune de ses interventions. Il se montre de plus en plus prosélyte, capable de conclure la conversation d'un ton comminatoire à mon égard : « Il est temps de se réveiller. Tu as le choix entre suivre le faux ou le vrai. » Jusqu'au bout, il a tenté d'obtenir notre assentiment sur ses choix, sans évidemment parvenir à ses fins. C'était sans doute sa seule planche de salut, continuer à croire pour ne pas souffrir, plutôt que d'accepter s'être trompé.

Je constate qu'au contact permanent des manipulateurs de Daech, sa foi a pris le pas sur sa famille. Ses propos sont explicites : « La famille a un sens différent dans l'islam. Certes, j'ai une famille de sang. Mais Allah nous dit que la famille ce sont ceux qui sont de la même religion. Malgré le fait que (*sic*) je dois vous respecter, que vous êtes mes parents et que vous avez un droit envers moi, ma famille est les croyants (*sic*) et je dois m'allier avec eux. » C'est pourquoi, afin de concilier sa nouvelle vision du monde et l'amour qu'il continue à nous porter, il insiste pour nous demander de le rejoindre, parfois même avec des sanglots dans la voix…

Sa focalisation sur l'islam va même encore plus loin car elle se double d'une franche intolérance. Alors qu'à Sevran il continuait à respecter notre mode de vie, il n'a désormais plus aucune limite. Aucune barrière ne le protège. Tout y passe. La démocratie ? Une « religion » qu'il rejette car « contraire à ce que Dieu nous a révélé ». Les citations de Nelson Mandela, Martin Luther King, Mère Teresa, l'abbé Pierre ou du dalaï-lama que je lui adresse ? Aucune valeur car « ils ne sont pas musulmans ». Les autres religions ? « Il n'y a que la religion d'Allah qui est acceptée auprès de lui. » Et même ma pratique du yoga est vouée aux gémonies, qualifiée de « blasphème » parce que liée au culte du soleil ! Car « l'islam combat le fait d'adorer autre qu'Allah ».

Il en vient ainsi à développer une vision totalitaire de sa religion : « Le musulman se marie, a des enfants, invite des gens, il travaille, fait du commerce (…), éduque ses enfants. L'islam n'est pas que la prière. L'islam est religion d'Allah pour les hommes, elle englobe tout dans la vie du musulman. Ce qu'il doit manger, comment il doit manger, comment il doit aller aux toilettes. C'est une religion complète et parfaite d'Allah pour l'homme. » Chaque fois, je réfute, j'argumente, je tempère et même je m'emporte mais ça ne sert à rien. Ce sont les mêmes propos des islamistes politiques qui délivrent leurs messages en France, sur notre territoire. Quentin n'a rien inventé, il ne fait que répéter ce qu'on lui a appris.

Supporter ses élucubrations devient un fardeau de plus en plus lourd à porter. Ça me dévaste et ça me ronge. J'ai régulièrement envie de laisser tomber, de m'extraire de ces échanges stériles et parfois violents, de lâcher prise et d'accepter le tragique destin de mon enfant. Ces sombres pensées ne durent pourtant jamais bien longtemps. Chaque fois que je me sens basculer, je parviens à me ressaisir. Si je veux qu'il revienne, il ne faut pas flancher. Je prends sur moi, encore et toujours. Je ne lâche pas prise et je le préviens dans un message envoyé en juin 2015 : « Je m'userai la vie à te sauver et à te convaincre. »

Je me sens investie de la responsabilité de tenir bon, ne serait-ce que pour informer le reste de la famille avec laquelle il ne communique plus. J'envoie régulièrement des messages à ses oncles et tantes, à ses cousins et cousines ou à mes parents pour les tenir au courant des dernières nouvelles. J'essaie de faire bonne figure et de positiver.

Avec le temps, je suis bien obligée de réévaluer mon échelle émotionnelle : quand je dis que Quentin va bien, ça veut dire qu'il est en vie. Je vis désormais au jour le jour, et même de minute en minute. Personne ne peut imaginer à quel point ce fut douloureux. D'autant plus que j'ai énormément de mal à accepter qu'il ait pu se faire embarquer dans quelque chose d'aussi fou.

Mon désarroi ne m'empêche pas de me battre. Et de chercher inlassablement de nouveaux arguments. À mon tour, je décide de m'instruire et de m'engager sur le terrain de la religion. La Grande Mosquée de Paris ne m'a pas répondu pour décortiquer le discours de Quentin et le contrer ? Qu'à cela ne tienne, je mènerai ce combat moi-même. Contrairement à certains qui n'ont aucune connaissance théologique, Quentin était animé par une réelle profession de foi. Il s'égarait, c'est certain, mais il était sincèrement en recherche. Il y avait une démarche intellectuelle dans son engagement idéologique.

Pour l'atteindre, je n'avais plus le choix : je devais entrer dans sa tête. Et puis si je ne m'impliquais pas dans le seul sujet qui lui tenait à cœur, de quoi aurions-nous parlé ? De ma dernière soupe de légumes ou des sardines qu'il donnait à manger à son chat ? À partir du moment où il ne se livrait quasiment pas sur son quotidien, j'étais forcément amenée à m'aventurer sur ce terrain-là.

Aux messages de Quentin truffés de sourates du Coran prônant la lutte contre les « mécréants », je réponds par d'autres sourates vantant le respect et l'ouverture. Sans jamais le braquer mais en l'invitant à envisager une autre manière d'appréhender la vie et sa foi. Avec Thierry, nous nous sommes énormément investis pour lui fournir des argumentaires détaillés, nourris de nombreuses citations. Ça nous a demandé beaucoup d'efforts ! Chaque fois, Quentin répond par de nouveaux versets, contredisant notre interprétation des textes. C'est d'ailleurs toute la difficulté de l'exégèse du Coran : c'est un texte que l'on peut interpréter de multiples manières, des plus tolérantes aux plus intégristes. Un jeu de piste dans lequel il est facile de nous perdre. On parle même de versets ambigus que seul Dieu peut comprendre…

Un jour de mai 2015, exaspérée après un long échange, je lui fais part de mon dépit : « C'est kafkaïen comme situation. Qui croire ? Comment ne pas penser que vous êtes manipulés ? (…) N'oublie pas le droit à penser. » J'essaie d'en appeler à ce qui lui reste d'esprit critique mais c'est peine perdue, il s'est totalement dissous dans la propagande de l'État islamique. À partir du moment où il était sur place, c'était malheureusement trop tard pour le récupérer.

Il faut se résoudre à l'évidence : on ne faisait pas le poids pour mener cette bataille-là, c'est un terrain qui s'est avéré beaucoup trop délicat pour nous. C'est ce que nous a gentiment dit le journaliste français David Thomson, le spécialiste des *Français djihadistes*[1] lorsque nous l'avons rencontré : il a

1. Voir notamment *Les Français jihadistes* (Les Arènes, 2014) et *Les Revenants* (Le Seuil, 2016).

constaté qu'on était engagés dans une lutte intellectuelle dont on ne sortirait jamais vainqueurs. Il avait vu juste.

Face à un tel mur d'incompréhension, on aurait eu besoin d'un coach individuel, capable de fournir une réponse théologique et psychologique en temps réel. Il y avait tant de questions auxquelles on ne savait plus répondre : comment renouer le lien ? Comment parler avec quelqu'un qui n'est plus sur la même échelle de valeurs ? Comment se montrer ferme sans rompre le contact ? Fallait-il même être ferme ou simplement apporter de l'amour sans discuter de rien, sans se battre ? Encore aujourd'hui, je n'ai pas les réponses. J'ai essayé de faire au mieux, dans l'urgence permanente. Mais je crois qu'il n'y a pas de réponse type qui vaille pour tous les jeunes embarqués dans cette dérive. On ne peut gérer ces situations qu'au cas par cas.

Impuissante malgré mes efforts, je suis contrainte d'assister à l'égarement complet de mon fils. En dépit de cette souffrance et de ces longues heures passées à batailler avec Quentin, je parviens à conserver une vie professionnelle et sociale encore riche et active. Je crois que cette capacité à faire la part des choses m'a sauvée.

18

Vivre malgré tout

Le drame que je vis est intime. Ma famille est évidemment au courant, mes amis également. Tout le monde est dépassé, personne ne sait vraiment comment réagir face à ce que nous affrontons. Mais le soutien dont nous bénéficions est précieux. Vital même. Il nous permet d'avancer, de continuer à espérer.

En revanche, dans un premier temps, je préfère rester discrète sur mon lieu de travail. Je n'ai jamais songé à quitter mon emploi, ou bien à solliciter un arrêt maladie. D'abord parce que cette fonction me plaît. Je m'entends bien avec mes collègues et j'apprécie la relation avec la clientèle. Cette ambiance agréable et studieuse me permet aussi de m'évader de ce quotidien pesant. Même si la situation de Quentin m'envahit l'esprit, j'arrive à me dédoubler et à me concentrer sur mon activité. Ce clivage est nécessaire pour ne pas devenir dingue. Accessoirement, j'ai aussi financièrement besoin de ce travail et nous devons faire face à des dépenses imprévues, comme celles de l'avocat par exemple.

Je n'avais pas caché la conversion de Quentin à mes collègues. L'une d'entre elles, de confession musulmane, m'avait félicitée. Une congratulation tout à fait légitime de sa part. J'avais moi-même accepté cette conversion et je n'avais donc aucun problème à la partager. Je suis néanmoins beaucoup moins prolixe sur sa radicalisation parce que j'estime que ça ne regarde que moi et mes proches. Je ne veux pas non plus alerter mes collègues, ou bien leur faire peur. Je garde tout pour moi.

Son départ en Syrie change la donne. Toutefois, dans les premières semaines, je me résous toujours à ne rien dire, notamment par crainte. Mon entreprise vient en effet d'être rachetée et c'est une période un peu délicate et perturbante. En plus, je suis la dernière arrivée, donc je me sens fragile. Je me suis déjà relevée deux fois du chômage sans trop de souci, mais ce ne serait vraiment pas le bon moment de perdre mon emploi. Je me force à être confiante. En bonne adepte de la méthode Coué, je me persuade que tout va bien se passer.

Ma première rencontre avec mon nouveau patron se déroule au mois d'octobre 2014. C'est-à-dire au moment même où je subis les perquisitions et les interrogatoires à la PJ. L'entretien se passe très bien, je n'évoque pas ma situation personnelle. Parce que ce n'est pas le sujet, mais aussi parce que je ne sais pas forcément comment il va réagir. Plusieurs amis et parents concernés me conseillent également de me taire, inquiets des conséquences d'une telle révélation sur mon avenir professionnel. Je fais comme si de rien n'était.

Malgré tout, ce silence me pèse. Dans la vie, je suis quelqu'un de transparent. Ne pas dire, ce n'est pas ma nature. Les choses vont pourtant changer à la fin de l'année. Peu de temps avant Noël, lors d'une réunion, je montre des signes d'agacement. Je ne me souviens plus de la raison de mon énervement, mais je me suis peut-être révélée légèrement agressive ou négative. Mes collègues ont été intrigués parce que je ne suis absolument pas coutumière de ce genre d'attitude. D'ordinaire, je suis plutôt vive et dynamique et ça les a surpris. La directrice administrative et financière s'en est donc ouverte auprès de ma collègue commerciale. Elle souhaite aussi me faire passer un message : depuis quelque temps, le patron aurait constaté, et déploré, une baisse de motivation de ma part. Cette remarque me touche. Et indique que je ne vais pas pouvoir continuer à faire semblant. Je vais devoir révéler mon secret, je n'ai plus le choix.

Quelques jours plus tard, je croise la directrice administrative et financière en train d'accrocher les boules du sapin de Noël. J'ai l'impression que c'est le bon moment pour lui parler. Je lui explique que je n'ai pas vraiment le cœur à décorer un sapin et je lui parle librement. Ironie du sort, il s'agit de ma fameuse collègue musulmane qui m'avait félicitée pour la conversion de Quentin et qui, dans un grand éclat de rire, avait même dit qu'elle l'épouserait après avoir vu sa photo. Elle n'en revient pas. Elle est bluffée par mon attitude pendant toute cette période. Elle n'a rien vu, rien perçu et se demande comment j'ai pu faire pour aussi bien donner le change. Elle est d'autant plus impressionnée qu'elle constate que mon chiffre d'affaires est bon et n'a pas été affecté.

Au-delà de ces considérations, elle est surtout effondrée par la nouvelle. Abasourdie, elle ne veut pas y croire. Je lui montre quelques extraits de conversations avec Quentin, ce qui la rend encore plus incrédule. « Ça ne correspond pas à ton fils », me répète-t-elle. Elle essaie aussi de me réconforter, m'assurant que je vais le revoir et qu'il va revenir bientôt. Je lui demande de ne rien dire pour l'instant et que j'irai voir notre patron après les vacances. J'ai besoin de trouver le bon moment.

Je me lance dès la rentrée. Nous avons passé de bonnes vacances à la montagne avec Yannis. Je me suis reposée et ça m'a fait du bien. Surtout, j'ai eu des nouvelles de Quentin et je me sens reboostée. Je suis pleine de courage et de confiance. J'explique à mon patron que j'ai eu vent de ses réticences, de son impression de mon manque d'implication ou de dynamisme. Je le rassure, expliquant à quel point je suis toujours aussi motivée, mais je lui confie que je vis quelque chose de très difficile à titre privé. Je lui raconte tout. Il est littéralement scotché. Lui aussi est impressionné que je n'aie rien laissé transparaître.

Je m'efforce aussi de le rassurer sur mon investissement professionnel. Depuis le départ, j'ai décidé que ces événements ne changeraient rien à ma vie quotidienne. Je ne veux absolument pas que les autres soient affectés par ce que nous traversons. Je le préviens simplement que, s'il constate des moments d'abattement, il saura pourquoi. Il se montre très compréhensif et compatissant, sachant trouver des mots très humains. Il me souhaite aussi d'être courageuse et de prendre des jours, si besoin est, ce que je n'ai pas fait. Au final, je me sens soulagée de lui avoir parlé. C'est d'ailleurs quasiment la seule fois que nous avons évoqué le sujet ensemble, par pudeur. Cela prouve combien, d'une certaine manière, j'ai su laisser mes soucis à la porte du travail, même si je sais que les nombreuses sollicitations dont je fais l'objet pourraient le crisper parfois. En tout cas, je suis très reconnaissante à l'entreprise de la confiance qu'elle m'a toujours témoignée.

Ce jour-là, je ne m'arrête pas en si bon chemin. En sortant de ce rendez-vous, je prends mon bâton de pèlerin et je fais le tour de tous mes collègues – nous ne sommes que huit – pour leur faire part de ma situation. Je me rends dans tous les bureaux un à un et je raconte mon histoire. Tout le monde pleure et c'est moi qui suis obligée de les réconforter en les prenant dans mes bras. Ils sont tous affectés et démunis.

Je me rends compte à quel point parler m'a fait du bien. Paradoxalement, mon désarroi me pousse à aller vers les autres et à communiquer. En de pareils cas, certains ont tendance à se replier sur eux-mêmes, ce n'est pas du tout ma manière d'opérer. Je dirais même que cette révélation a d'une certaine façon apaisé l'ambiance au travail. Comme dans n'importe quelle entreprise, il y a parfois des tensions, des accrochages. Dans ces cas-là, ils se tournent vers moi et réalisent qu'il y a des choses plus graves. Dans l'ensemble, les liens se sont renforcés entre nous.

J'ai adopté la même stratégie au quotidien. Celle de continuer à vivre coûte que coûte et de ne surtout pas me replier sur moi. La douleur ne m'a jamais ôté l'envie d'aller au cinéma, de visiter des expositions, d'écouter de la musique et de danser. J'ai besoin de voir nos amis, de rigoler. Ça me permet aussi de dire à Quentin : « Tu vois, tu ne nous as pas tués. La vie doit rester plus forte que la barbarie. » Si j'avais eu moins de quarante ans, j'aurais peut-être eu un bébé. J'ai lu une interview de Zineb El Rhazoui, la journaliste de *Charlie Hebdo*, dans laquelle elle explique que de nombreuses collaboratrices de l'hebdomadaire sont tombées enceintes après l'attaque. À mon avis, c'est la meilleure des réponses à l'intolérance et à la peur.

Maintenant que j'avais révélé mon histoire à mes collègues, je n'avais plus aucune raison de me cacher. J'ai donc décidé de m'engager publiquement, de m'exposer pour alerter les parents et les pouvoirs publics sur les dangers de la radicalisation religieuse. Je ne pouvais plus me taire.

19

Le clip

Au fur et à mesure de nos échanges avec les autres parents, et forte de mon expérience et des connaissances que j'acquises sur le phénomène djihadiste, l'envie commence à naître de m'impliquer davantage. Surtout, je sais combien il coûte de se battre seule dans son coin, sans soutiens ni conseils. Je sais ce que vivent toutes ces familles désemparées face à la radicalisation de l'un des leurs. Avec les autres parents de la cellule d'Aulnay-sous-Bois, on est convaincus que nous sommes les plus à même de prodiguer des conseils. L'occasion va justement nous être donnée de prendre la parole publiquement.

Nous faisons ainsi connaissance avec la productrice de cinéma Fabienne Servan-Schreiber. C'est une femme brillante qui connaît un joli succès professionnel. Mais c'est aussi une mère qui connaît le deuil après avoir notamment perdu accidentellement l'une de ses filles. Elle semble en tout cas intéressée par notre expérience. Avec notre accord, elle est venue en observatrice à l'une de nos rencontres. Puis après des échanges avec elle et son équipe, l'idée a germé de réaliser des clips très courts de sensibilisation au problème du djihad. On a tout de suite été séduits par le projet : qui mieux que des parents concernés pour s'adresser à d'autres ?

Malgré l'enthousiasme que suscite cette initiative, les volontaires ne se bousculent pas. C'est tout à fait légitime car ce n'est pas un choix facile. Témoigner à visage découvert, c'est révéler au grand jour une histoire douloureuse. Et accepter de faire face au qu'en-dira-t-on, à des réflexions pas forcément très agréables, et surtout à des condamnations morales insupportables. Pour de nombreux parents, et je le comprends parfaitement, c'est un choix trop lourd de conséquences. Il y a aussi tous ceux dont les enfants sont encore sur le terrain, ou emprisonnés, et pour lesquels il est très délicat de s'exprimer.

J'ai longuement réfléchi avant d'accepter. J'ai beaucoup hésité, pesant le pour et le contre. J'ai bien sûr pensé à l'impact public de cette décision : d'un coup, j'allais être identifiée comme « mère de djihadiste », un statut forcément guère confortable. J'en ai évidemment parlé avec Thierry et Yannis. Thierry m'a encouragée. Même si lui n'en avait pas la force, il était convaincu que c'était important de parler pour faire bouger les choses. Yannis aussi me faisait confiance, persuadé que, quoi qu'il arrive, je ferais le bon choix. Ce soutien de mes proches fut essentiel.

Au final, j'ai considéré que j'étais suffisamment grande pour assumer les conséquences de cette prise de parole. L'équipe de Fabienne Servan-Schreiber m'a également beaucoup encouragée.

Mais c'est véritablement en pensant à Quentin que je me suis décidée. Certes, je me suis lancée dans ce projet pour venir en aide aux autres parents. Pour les aider à déculpabiliser et montrer au grand public que tout le monde peut être concerné. Mais, au fond de moi, je l'ai fait pour mon fils.

C'est à lui que je voulais m'adresser. Lui lancer un cri d'amour en espérant qu'il l'entendrait et qu'il provoquerait en lui l'envie de faire demi-tour. C'était mon obsession et je pensais qu'en voyant ma détresse à l'écran, un déclic pouvait s'enclencher.

Évidemment, j'ai réfléchi à l'impact que cette exposition médiatique pourrait avoir pour sa sécurité. Participer à ce clip pouvait-il le mettre en danger ? Finalement, j'ai considéré que le bénéfice potentiel – le faire rentrer – était plus important que le risque. J'ai malgré tout pris une petite précaution, en ne dévoilant pas son nom. Lors de mes premières prises de position publiques, je préférais qu'on l'appelle Félix, un autre de ses prénoms à l'état civil. Je n'avais pas forcément envie que tous ses compagnons le stigmatisent ou, pire, le condamnent. Quant à moi, je ne me suis jamais demandée si je me mettais en danger. Les endoctrineurs, les recruteurs ne me font pas peur, ils ne me feront jamais taire. Ma seule crainte concernait Quentin.

Nous sommes donc quatre à avoir accepté de participer à cette campagne. D'abord Baptiste, qui raconte le départ de sa fille, un matin, avec son écharpe et son sac à dos. Lui et son épouse n'avaient rien perçu de ses intentions. C'est elle qui les a appelés : « Je vais vous faire du mal, mais je suis partie en Syrie pour faire le djihad. » Sur place, leur fille a eu un enfant. « On nous a volé notre fille », confie Baptiste dans ce clip très émouvant.

Il y a ensuite Jonathan qui évoque le départ de sa petite sœur de 17 ans. « On se l'est pris en pleine gueule », livre-t-il en regrettant de ne pas avoir rencontré plus tôt les personnes qui auraient peut-être pu aider sa famille à empêcher ce départ.

Saliha Ben Ali, originaire de Belgique, devenue une amie proche et sœur de combat, évoque, quant à elle, avec beaucoup de pudeur, ce coup de fil effrayant reçu par son mari. À l'autre bout du fil, un Syrien le félicite pour la mort « en martyr » de Sabri, leur fils de 19 ans.

Enfin il y a moi. L'enregistrement a été réalisé en mai 2015, dans le salon de notre maison à Sevran. Il faisait beau, je m'étais préparée comme pour un rendez-vous important. J'ai découvert le clip avec les autres familles avant l'été et j'ai trouvé ça émouvant. Je raconte ce fameux dernier week-end et cette soirée crêpes. Mais je témoigne surtout de ma douleur de ne plus pouvoir serrer Quentin dans mes bras, de ne plus pouvoir l'embrasser. C'est ce message-là que je veux lui faire entendre. J'encourage aussi tous les parents à ne plus rester seuls et à oser parler.

Les quatre vidéos sont diffusées à partir du 7 octobre 2015, à la télévision et sur plusieurs sites Internet. Le ministère de l'Intérieur a apporté son soutien au projet. Le lancement officiel s'est d'ailleurs fait, début octobre, place Beauvau, en présence de M. Cazeneuve, d'autres ministres et préfets, de familles concernées et des médias. J'ai été sollicitée à ce moment-là pour faire un discours et me suis donc retrouvée, sans savoir ce que cela allait impliquer, représentante des familles. Chaque séquence du clip s'achève par la promotion du numéro vert et du site Internet www.stop-djihadisme.gouv.fr, cet outil de prévention si important.

Je me doutais que ce soutien gouvernemental ne serait pas du goût de Quentin, je ne me suis pas trompée. Mais, sur le moment, je ne l'ai pas prévenu de cette initiative. Il savait que nous participions avec son père à des groupes de parole. Il semblait plutôt compréhensif : « Si ça te fait du bien, alors vas-y », disait-il en substance. Sur le fond, il était évidemment plus réservé. Selon lui, la seule réponse à chercher était dans le Coran et la méditation. En revanche, je lui avais tu ce projet de clip. Mais je savais qu'il en prendrait très vite connaissance.

Cinq jours plus tard, c'est lui qui engage la conversation sur WhatsApp :

« Maman, j'ai vu que tu es passée dans une pub contre le djihad pour le gouvernement. Je sais que je te manque et que tu fais ça par amour pour moi. Mais est-ce que tu penses vraiment que c'est bon d'appeler contre le djihad, alors que tu ne connais pas les revendications du djihad ? Tu es contre le djihad parce que tu as peur de me perdre. Alors pourquoi tu n'as pas fait une pub contre le service militaire français ? Les militaires français aussi peuvent être envoyés et mourir. Tu prends le parti du gouvernement français comme s'il avait raison d'agir comme ça et que nous nous étions les terroristes, alors que tu ne connais même pas nos revendications (...). Penses-tu que le gouvernement est juste ? (...) Je suis déçu de ta prise de position sans te renseigner sur le contexte. »

J'ai au moins une satisfaction : Quentin a entendu mon message d'amour. Il a compris ce qu'implicitement je voulais lui transmettre. Malheureusement, l'idéologie a vite repris le dessus. Sans surprise, il m'accuse d'être manipulée. Malgré tout, comme chaque fois, je ne désespère pas de le raisonner, en jouant sur la corde sensible :

« C'est une campagne à l'initiative de parents qui souffrent d'avoir perdu leur enfant. C'est un cri d'amour qu'on envoie pour tenir debout et arrêter de souffrir. Si tu comprends bien le message, on dit qu'on a le sentiment qu'on nous a kidnappé nos enfants et on se sent victimes. On ne juge pas, on ne vous condamne pas.

— Je sais que c'est un cri d'amour, maman, mais tu le fais au nom du gouvernement, au nom de "stop djihadisme", et le gouvernement l'utilise pour légitimer ses positions militaires. Le problème, c'est au nom de quoi tu fais ça. Je ne te reproche pas d'exprimer ton amour envers moi, maman. Je te reproche de le faire au nom du gouvernement et surtout tu dis ne pas comprendre les revendications. Eh bien le remède à l'ignorance, c'est de chercher la science. Et un outil pour ça, c'est la lecture. C'est pourquoi Allah nous a révélé sa parole pour nous guider. Et pour comprendre sa parole, on doit la lire, la méditer. »

Il n'a pas fallu bien longtemps pour que son discours stéréotypé s'enclenche à nouveau. Le message d'amour est bien compris, mais il est immédiatement recouvert par la propagande religieuse et politique. C'est épuisant.

Je ne regrette absolument pas d'avoir participé à cette campagne de prévention. Je sais qu'elle a eu un certain impact dans l'opinion publique. Elle m'a aussi donné de la force et du courage pour assumer notre situation et nous battre. Elle a permis à d'anciens camarades de Quentin de découvrir notre histoire et de nous faire part de leur précieux soutien. J'ai aussi eu beaucoup de plaisir à travailler avec Fabienne Servan-Schreiber et toute son équipe, à rencontrer des journalistes. J'ai aussi la grande satisfaction d'avoir pu faire passer mon message à Quentin. Malheureusement, mon principal objectif n'a pas été atteint. Ses convictions profondes n'ont pas été ébranlées et l'idée d'un retour n'a pas du tout jailli. Au contraire même. Au fur et à mesure de son séjour en Syrie, son discours est devenu de plus en plus violent. Jusqu'à justifier l'intolérable.

20

Violence et terrorisme

L'année 2015 fut effroyable, à jamais marquée par les attentats de *Charlie Hebdo* et du 13 Novembre. Deux événements d'une violence terrifiante dont nous honorons encore chaque jour les victimes. Comme tous les Français, ces attaques nous ont bouleversés et scandalisés. Mais elles ont eu une résonance toute particulière dans notre foyer. Notamment les tueries du 13 Novembre puisqu'elles ont été orchestrées depuis la Syrie par l'organisation État islamique et que la plupart de ses auteurs sont de jeunes Français embrigadés et entraînés sur place.

Quentin aurait-il pu faire partie de ce commando de fanatiques assassinant froidement les spectateurs d'un concert de rock ou des clients à la terrasse d'un bar ? L'engagement total dans sa nouvelle religion aurait-il pu l'encourager à s'en prendre à des caricaturistes ? L'espace d'un instant, je me suis posé ces terrifiantes questions. À vrai dire, je n'ai jamais sérieusement envisagé une hypothèse aussi horrible. Je sais bien que je suis sa mère et qu'une mère ne peut absolument pas concevoir une telle extrémité mais il n'y a pas que ça. Peut-être à tort, je continue à penser que Quentin était, au départ, mû par des idées justes. Il a été perverti et s'est totalement perdu dans l'intégrisme. Je suis sûre qu'il a d'abord rejoint la Syrie en pensant sauver la veuve et l'orphelin plutôt que pour égorger ses semblables.

Même s'il était discret sur son quotidien, il n'a jamais évoqué le moindre entraînement militaire. En théorie, les recrues de Daech n'y échappent pas. Mais s'il a effectivement suivi une telle formation, il ne s'en est jamais glorifié. Évidemment qu'il était engagé dans une forme de combat, or, hormis les bombardements sur Raqqa, il n'a jamais abordé la chose militaire lors de nos très nombreuses discussions. Je ne l'ai jamais vu non plus en photo avec une arme. Chaque fois que l'organisation diffusait un nouveau film de propagande avec des combattants francophones, je me précipitais fébrilement sur mon ordinateur en priant pour ne pas voir apparaître son visage. Pour mon plus grand soulagement, et celui de Thierry, ce ne fut jamais le cas.

Et pourtant, quelle violence dans ses discours ! Sa radicalité et son intolérance ont atteint des sommets que je n'aurais jamais imaginés. Nous avons perçu un changement de ton dès ses premiers mails de novembre 2014. Les deux premiers mois passés en Syrie avaient déjà eu des conséquences. Ainsi, dans un de ses premiers messages, il envoie une série d'extraits du Coran où il n'est question que de combats. « Si ta famille est attaquée, tu répondrais et contre-attaquerais tout simplement, argumente-t-il auprès de son père. Eh bien c'est la même chose pour l'islam. (…) S'il y a des attaques des ennemis, je saurai me protéger. Mais je ne combats pas. Mais si je dois combattre un jour, je le ferai. »

Même si Quentin assure ne pas avoir pris les armes et que nous aimons à le croire bien volontiers, ses arguments sont alarmants. Car nous comprenons bien vite qu'il est convaincu de la légitimité de son engagement : « Par exemple, papi a bien combattu [en Algérie]. En Haïti, les gens ont combattu pour des valeurs. (…) Pourquoi personne n'en veut à ces personnes ? Mais lorsque des personnes veulent propager la parole divine, ils sont pris pour cibles. Les musulmans sont attaqués en Irak et en Syrie, c'est un temps de guerre. Allah nous demande d'aider les musulmans et de combattre ceux qui nous combattent. Les gens combattent pour du nationalisme (France, USA, etc.) et sont accueillis en héros. Nous musulmans, nous combattons pour que la parole d'Allah soit la plus haute. C'est une guerre de religion. Dans le Coran, le djihad est prescrit. Pourquoi sommes-nous considérés comme terroristes alors que nous voulons simplement obéir au Créateur ? Quelle est la meilleure des choses ? Combattre pour un pays ou pour la religion de Dieu ? »

Pris dans son délire mystique, Quentin est donc persuadé de mener un combat juste. Tel un mouton de Panurge, il adopte bêtement la propagande du troupeau. Et j'ai du mal à accepter qu'il soit tombé dans quelque chose d'aussi fou.

Nos craintes se matérialisent vraiment après l'attaque contre *Charlie Hebdo*, le 7 janvier 2015. Deux jours plus tard, nous avons une très longue conversation dont je conserve encore le goût amer dans la bouche. Car Quentin légitime l'ignominie de ces attentats.

« Ces gens défendent la religion et l'honneur du Prophète, je suis content. Il y a eu des événements semblables au temps du Prophète. Les gens provoquent et jouent avec la religion. Sache que, tu aimes ou non, c'est ce qui arrive à ceux qui insultent la religion. C'est le visage de l'islam. Il y a certes de la miséricorde dans l'islam, mais ceux qui combattent la religion nous les combattons. Ne ferme pas les yeux sur la religion, maman. Tu vas devoir choisir un camp, tu ne vas pas pouvoir rester neutre comme ça.

— Quentin, ne parle pas comme ça, ce n'est pas toi. »

Je redoutais ces paroles.

« Tu es complètement sous influence. Réveille-toi mon fils, tu t'égares. On ne peut pas se réjouir de la mort d'autrui, ce pourrait être ta famille, ta mère dans le RER, ton père, ton frère. On peut ne pas être d'accord, se sentir attaqué, humilié, sans tuer pour autant. Les humains se défendent par les mots, pas la haine, d'ailleurs il y a des procès pour ça.

— On doit défendre la vérité. Allah nous demande de le faire. Tu te rends compte, maman, que des gens se moquent, prennent raillerie la révélation de notre créateur. Ils offensent Allah ses messagers. (…) Bien sûr que la justice doit être faite et elle a été faite. (…) Les procès sont basés sur des lois faites par les hommes, alors qu'on peut juger avec ce qu'Allah nous a révélé. Tu te rends compte de l'erreur. Réveille-toi. (…) Maman dans la charia la sentence de celui qui commet l'adultère en étant marié c'est la mort. Est-ce que tu penses que celui qui se moque de la religion, qui la combat, aura une sentence plus légère alors que c'est un péché plus grave ? Évidemment non. (…)

— Fais-tu la différence entre des journalistes satiriques qui, certes, se moquent des excès des religions, des hypocrisies et peuvent choquer j'en conviens, mais ne tuent pas pour ça, avec des actes de terrorisme ? Une arme contre un crayon, c'est violent et lâche à mes yeux. Quentin, je veux retrouver l'enfant que j'ai élevé avec des mots d'amour. Ce que tu m'envoies est belliqueux, haineux, ce n'est pas la parole de l'islam religion d'amour, et tu le sais, que transmet et vit la majorité des musulmans du monde. Rappelle-toi l'expo que nous avons vue ensemble à l'Institut du monde arabe. Ne renonce pas. Pense à nous. (…) Ne te laisse pas entraîner dans l'obscur. (…) Ce soir, je suis très triste, mon cœur saigne. Je me sens trahie et abandonnée, comme papa sans doute. N'oublie jamais le premier des Dix Commandements : “Tu ne tueras pas ton prochain.” Sur ces mots, je te laisse trouver la lumière et la paix avec toi-même. »

Relire cette conversation est extrêmement difficile pour moi. Ces écrits sont terribles. À l'époque, j'étais tellement concentrée à tenter de le sauver que je n'en ai peut-être pas pris toute la mesure. Mais, derrière ces propos choquants, j'ai davantage l'impression de lire une récitation de propagande plutôt que la pensée construite de Quentin. C'est le groupe terroriste qui parle, pas l'âme de mon fils. J'ai l'impression qu'il est totalement sous emprise, comme dans une secte, et qu'on est parvenu à lui ôter toute sensibilité. Il ne réfléchit plus, donc il ne doute plus. Le groupe a été plus fort. Sa tête et son cœur ont été colonisés. Et lorsque je l'implore de réagir aux exactions commises par son groupe, à ces enfants auxquels on apprend à tuer, il ne me répond pas.

Plus inquiétant encore, sa position défensive initiale – se défendre si on l'attaque – se transforme au fil des mois en posture agressive contre sa nouvelle obsession : les « mécréants ». Au mois de juin 2015, nous avons une discussion très pénible. Je tente de le raisonner en lui envoyant cette réflexion d'un exégète du Coran : « Je précise également que le fait de tuer des mécréants dans des attentats comme cela se passe à notre époque ne fait ni partie de l'islam ni partie du djihad. » Sa réponse est dure : « Si, cela fait partie de l'islam, maman, la guerre contre les mécréants. Maman, le croyant qui croit en la révélation et applique ce que le Seigneur nous demande, lorsqu'il est opprimé et lorsque les mécréants les persécutent, n'aurait pas le droit de répondre ? Où est la justice là-dedans ? Allah est juste et nous permet de répondre. Et Allah est aussi dur en châtiment et nous demande de faire la guerre contre les mécréants. »

Pour tenter de le ramener à la raison, j'en appelle à sa lettre de conversion. Je lui cite plusieurs extraits, notamment quand il explique remettre sans cesse en question ce qu'il apprend, quand il évoque une religion faite pour rassembler et non pour diviser. J'insiste aussi sur cette sourate du Coran qu'il avait mise en exergue : « Quiconque tuerait une personne, c'est comme s'il avait tué tous les hommes. » Sa réponse ruine tous mes espoirs : « La lettre que j'avais écrite, je l'ai écrite sincèrement. Lorsque j'ai accepté l'islam, je me suis soumis à Allah et j'ai suivi ce que je connaissais de l'islam. Cependant je ne suivais de l'islam que ce que je connaissais. Et l'islam que prêchait l'Europe est un islam d'amour envers tout le monde. Et je croyais que c'est ce qu'il fallait faire. Mais après huit mois j'ai pu étudier un petit peu la base de l'islam et je me suis rendu compte que l'islam qu'on prêchait aujourd'hui en Europe et dans la majorité du monde (simplement de paix, etc.) était différent de celui réellement pratiqué par le Prophète Muhammad (Paix soit sur lui) (...) L'islam prêché par l'Occident sans djihad est un islam pour satisfaire les mécréants, alors que le but de l'islam est de chercher la satisfaction d'Allah. Je me désavoue de la lettre que j'ai pu écrire et je demande pardon à Allah pour mon ignorance à cette époque. L'islam est une religion de paix, oui, mais pas avec tout le monde. L'islam est une lourde responsabilité et implique la persécution des mécréants. »

C'est effrayant, mais on ne pourrait pas mieux illustrer les méfaits de la propagande. Quentin l'écrit noir sur blanc : pendant les huit mois qu'il vient de passer au sein de Daech, on lui a inculqué la haine. Dans la même veine, il n'hésite plus à revendiquer l'application de la charia, comme dans ce message audio d'avril 2015 : « Moi, je suis venu là pour combattre, pour imposer la loi d'Allah, pour imposer la justice, maman. La notion du bien et du mal elle vient d'Allah. Ici où je suis, dans le Shâm[1], la charia est appliquée, l'alcool et la prostitution sont interdits. Il n'y a pas de mixité, sauf quand c'est la famille. Parce qu'on juge avec la loi d'Allah. Il y a une police islamique. La justice d'Allah est là pour notre bien. La main coupée pour les voleurs : ça, c'est dissuasif. Avec ça, maman, il y a moins de vols, bien sûr. La charia permet de vivre dans un environnement où il y aura moins de péchés. Vous soutenez une autre

1. La « grande Syrie », le territoire fantasmé de l'État islamique.

législation que celle d'Allah et, nous, comme on veut la charia, forcément il y a un combat, celui du bien contre le faux. Je ne compte pas revenir sur ma foi et combattre ceux qui s'opposent à nous. »

Le coup de grâce interviendra au moment des attaques du 13 Novembre. Comme tous les Français, je me souviens parfaitement de ces moments atroces. Avec Thierry, nous passions la soirée tranquillement à la maison. On regardait la télévision, mais pas une chaîne d'information. On était plutôt dans une perspective de détente. Je reçois alors le sms d'une amie. Elle m'explique qu'il se passe des choses graves à Paris et que je dois absolument brancher la télévision. Immédiatement nous basculons vers d'autres chaînes et on découvre l'horreur. Les premières informations sont confuses, mais on comprend très vite qu'il se passe quelque chose de dramatique au Bataclan. Il est aussi question du Stade de France, devant lequel je suis passée ce soi-là en RER. Le cauchemar ne fait que débuter et un terrible bilan s'annonce.

Le soir même, j'envoie un message à Quentin sur WhatsApp : « Nos cœurs saignent ce soir en France. Pourquoi toute cette violence ? Mon Dieu, donne-leur la voie juste. » Je rédige mon message en caractère gras, accompagné du slogan : « Je suis Paix ». Un peu plus tard, alors que minuit est passé, je lui adresse une nouvelle supplique : « Quentin, contacte-nous d'urgence. On pense à toi. Réagis, de grâce ! Trop de sang, trop de haine. Prie que tout cela cesse. »

Sa réponse nous arrive dès le lendemain, le 14 novembre à midi. Même dans un moment aussi tragique, il ne change rien à ses habitudes et débute invariablement par ce « Coucou maman » si décalé par rapports aux événements. Alors qu'on espère que cette barbarie va enfin le faire réagir, qu'il va enfin se désolidariser de tels actes, sa réponse douche nos derniers espoirs : « Prends position pour la religion dans cette guerre. »

Le calvaire se poursuit par messages audio interposés. Je suis dans un tel état de désespoir que je ne sais plus vraiment quoi lui dire. Je lui parle d'amour, encore et toujours. Il me répond guerre de religion, idéologie ou économie : « Je comprends que vous soyez choqués, mais il faut que vous compreniez que c'est un temps de guerre aujourd'hui et qu'il faut que vous preniez position. Ce qui se passe en France, c'est la même guerre qui se passe ici en Syrie et Irak. Ça fait partie de cette vie, c'est une épreuve. Vous devez prendre position. Maman, renseigne-toi sur l'islam. Choisis la religion de Dieu, choisis la religion du Prophète et allie-toi aux croyants et éloigne-toi de la mécréance, maman. Prends position, maman. Je te fais des bisous. Et fais des bisous à papa. »

Jusqu'au bout, même dans les moments les plus tendus, il aura donc essayé d'obtenir notre assentiment à sa folie. Et, malgré la violence de ses propos, je sens chez lui de la détresse. Il est totalement perdu. Je lui réponds que j'ai effectivement pris position pour l'amour et la paix. Je suis épuisée. Je lui dis « stop, ça suffit », mais je doute qu'il puisse encore accéder à une pensée élaborée. Cette fois, il est totalement rongé de l'intérieur.

21

La mort de Quentin

À ce moment-là, je ne peux évidemment pas le savoir mais mon dernier contact avec Quentin datera du 15 novembre. Il est toujours question des attentats du 13. Je lui ai notamment envoyé ce verset du Coran : « Ne tuez point la vie qu'Allah a rendue sacrée. » Sans surprise, il répond par une autre sourate dont l'interprétation est ambiguë. Elle lui permet une nouvelle fois de justifier les crimes qui viennent d'être commis à Paris et à Saint-Denis.

Abattue mais pas découragée, je continue à l'abreuver de messages, en conservant mon rythme quasi quotidien. Le 17 novembre, je suis très brève. Un seul mot comme un cri du cœur. Une supplique : « Fuis. » En même temps je lui envoie une photo de famille sur laquelle il apparaît entouré de mes parents et de Mamie Poussette, prise le jour de la remise de diplôme d'ingénieur de Yannis. Je mets également en copie sa photo d'anniversaire lors de ses sept ans : il est devant son gâteau avec ses bougies et nous l'embrassons tous les deux avec son père.

Quelques jours plus tard, je poursuis dans cette veine émotionnelle. Le samedi 21 novembre, on a réuni à la maison tous ses anciens copains, alertés par nos interventions médiatiques. Ils étaient désemparés par son départ, tristes et inquiets, mais aussi heureux d'évoquer les beaux souvenirs avec Quentin. On s'est remonté le moral les uns les autres, on a ri et pleuré. On a pris des photos pour lui, en particulier une grande photo de groupe dans le salon sur laquelle on lui adresse tous de grands sourires. Ils ont également laissé des messages sur un livre d'or que je lui fais parvenir. J'ajoute aussi la vidéo où nous crions tous : « Quentin on t'aime, Quentin reviens ! »

Je constaterai que les messages n'ont pas été cochés sur WhatsApp, donc jamais lus.

Les jours suivants, j'alterne entre les citations d'amour, de paix et de fraternité – de Voltaire à Martin Luther King en passant par Alexandre Dumas – et les remarques plus anodines du quotidien, comme lorsque j'évoque l'écoute d'une émission à la radio sur la cuisine syrienne. Le 19 décembre, je lui rappelle que c'est l'anniversaire de son grand frère. Je lui envoie des photos prises en Suisse où je suis allée le voir pour fêter l'événement. Idem au moment de Noël lorsque je lui adresse la photo de la table du réveillon. Il fait toujours partie de notre famille et je veux lui prouver qu'il n'en est pas exclu. Lui montrer que, même s'il devra subir les conséquences de ses actes, il ne sera pas rejeté lorsqu'il reviendra.

À partir de la nouvelle année, mes messages se font soudain plus inquiets. Quentin n'est jamais resté aussi longtemps silencieux. Les fêtes et le nouvel an sont particulièrement difficiles, nous dormons mal. Le 3 janvier, je m'alarme : « Nous ne cessons de penser à toi. J'écoute tes anciens messages pour ne pas oublier ta voix. Attente sans nouvelle torturante. Fais-nous signe. On t'embrasse fort. Maman papa. » Quatre jours plus tard, alors que j'accompagne encore mes messages de photos de lui enfant, la tonalité est la même : « Appelle-moi. On s'inquiète pour toi. Biz. Maman papa ». Il ne rappellera jamais.

En dépit de cette angoisse, je suis de bonne humeur ce 14 janvier 2016. Je n'ai plus de nouvelles, mais j'ai de l'espoir. La nuit a été bonne et je porte une jolie robe jaune, très gaie. La matinée est agréable, mon rendez-vous commercial se déroule bien. C'est un client sympathique, a priori pas au courant de ce que je traverse, peu importe. Comme je l'ai dit, j'ai toujours su conserver les bonnes dispositions mentales et intellectuelles pour ne pas m'éparpiller et me concentrer sur mon travail.

À l'heure du déjeuner, je reste au bureau. J'en profite pour converser avec mon amie belge Saliha

Ben Ali, dont j'ai fait la connaissance au moment du clip. C'est elle qui, avec son mari, a appris la mort de son fils de 19 ans par un mystérieux correspondant syrien. Dans cet échange glaçant, il les félicite, en leur expliquant que Sabri, désigné sous son nom de combattant, est « tombé dans les sentiers d'Allah » et qu'ils doivent être « fiers de lui ». Effrayant.

Depuis l'aventure du clip, j'étais restée en contact régulier avec elle. En Belgique, elle est très investie dans la lutte contre l'embrigadement. Son courage et sa résilience m'ont toujours impressionnée. Je me suis d'ailleurs beaucoup inspirée d'elle. Mais, en mon for intérieur, je me souhaitais de ne jamais vivre ce qu'elle avait vécu avec cet appel. Je me demandais comment on pouvait se remettre d'une telle annonce et ainsi faire le deuil de son enfant. Ce midi-là, nous sommes en train de converser sur Internet pour préparer une intervention à Rome, à l'invitation d'une institution locale. Saliha a l'habitude d'être invitée à des colloques[1] et l'on commence à me solliciter aussi.

Soudain, à 13 h 16, un message apparaît sur ma messagerie WhatsApp : « *Salaam alaikum*... l'État bâti par le sang des martyrs. » La formule m'évoque immédiatement l'annonce faite à Saliha. J'ai comme

1. Voir son travail au sein de l'association « Save Belgium », sise à Bruxelles, http://www.savebelgium.org

un pressentiment et je lui en fais part immédiatement avant d'arrêter la conversation : « Saliha, je crois qu'on est en train de m'annoncer la mort de Quentin… » Je me fige instantanément, saisie d'effroi. Ce premier message est accompagné d'une photo avec un texte manuscrit de la main de Quentin. Je reconnais parfaitement son écriture même si les lettres ne sont pas très bien formées, comme s'il tremblait quand il les a tracées.

« Ceci est mon testament si je meurs », écrit-il sur cette feuille de bloc-notes arrachée, après avoir récité sa profession de foi musulmane. Je suis dans un état second en parcourant cette missive dans laquelle il commence par léguer ses biens à ses « frères », précisant avoir convenu avec un certain « Abu Khaled (Al Soudani, ou Al Misri, ou Faransi) » de lui réserver sa tablette de marque Samsung, en réalité son seul véritable bien. La suite est toujours consacrée à ses « frères » auxquels il s'adresse avec le même verbiage pseudo-théologique que je connais trop bien pour l'avoir lu depuis des semaines : « Rappelez-vous que la fin heureuse est aux pieux », leur adresse-t-il avant de demander pardon à Allah. Je suis écœurée. Quentin livre ensuite les numéros de trois combattants dont les noms ne nous évoquent évidemment rien. Le premier correspond à un numéro canadien et les deux suivants à des numéros français. J'ai tenté de joindre ces correspondants : soit le numéro n'était plus attribué, soit je n'ai eu personne.

La seconde page nous est plus directement adressée. On y retrouve les obsessions maladives de Quentin : « Que mes parents sachent que je compte mourir sur la vérité, qu'ils se rappellent que l'on va tous mourir. À quoi sert-il de vivre si c'est pour vivre dans le faux, dans l'illusion, alors que la mort nous rattrapera et que l'on sera rassemblé vers notre Seigneur Allah ? Je sais que vous cherchez des réponses sur le pourquoi de mes actes. Si vous êtes sincères, la réponse se trouve dans le Coran et la Sounnah du Prophète (…) en s'aidant de la compréhension des pieux prédécesseurs. Sachez que les médias occidentaux montrent une fausse image de l'islam et de la réalité. Ne vous contentez pas de regarder les actes apparents, mais cherchez à savoir pourquoi nous combattons. »

La vérité, les pieux prédécesseurs, la théorie du complot… jusqu'au bout Quentin est resté enfermé dans le même vocabulaire stéréotypé qui l'a condamné. En bas de la page, il écrit, d'une main plus sûre cette fois, le numéro de « papa » et « maman » avec ce post-scriptum : « Envoyer ce testament en photo à mes parents et effacer les numéros en leur envoyant. » En revanche, aucune référence personnelle dans cette lettre, ni aucune marque de tendresse. La tonalité est entièrement religieuse et fondamentaliste.

Thierry a aussi reçu le message mais ne l'a pas encore vu. Je me retrouve momentanément seule face à ce choc. Sans réfléchir, je décide de répondre à ce messager qui utilise une puce téléphonique britannique et s'exprime dans un mauvais français. Ce testament ne me suffit pas. Il est insensé, surréaliste. Il ne signifie rien pour moi. Je ne peux pas me contenter de ces quelques lignes ineptes. J'ai besoin d'avoir des informations circonstanciées. À ma grande surprise, mon interlocuteur, dont le funeste « travail » au sein de l'organisation État islamique semble être d'annoncer le décès des combattants, répond. Je suis estomaquée mais comme si je me dédoublais, je parviens à entamer une conversation :

« Qui êtes-vous ?

— Je t un de ses amis

— Ami de qui ?

— Abu Umar Firansi. De votre fils.

— Que veut dire cette lettre ? Je ne comprends pas ? Où est-il ?

— Il est tombé en martyr en terre du khilafah.

— Ce n'est pas possible ? Vous me faites peur.

— Bon, madame, excuse-moi, c'est bien l'écriture de votre fils… si c'est bien son écriture vous n'avez qu'à suivre ses instructions et, *in sha Allah*, sa ira mieux après. Il vit dans le corps des oiseaux verts actuellement (*sic*). Prenez soins de vous. Je n'ais pas d'autre information sur lui. Qu'Allah vous guide à la vérité… L'islam.

— C'est horrible ! Quand est-il tombé ? Qui me le prouve ?

— Je sais pas quand, mais on m'a fais parvenir ce testament. Je peux pas vous le prouver. Désolé.

— Il est tombé à quelle date s'il vous plaît ?

— Je sais pas, peut-être une ou deux semaines de cela, par le temps que ce testament est arrivé à moi.

— À Raqqa ? J'ai besoin de savoir svp. Vous êtes un ami de France ou de là-bas ? Aidez-moi de grâce, son père et son frère ne savent pas encore, ça peut les tuer de chagrin. »

Puis la conversation s'interrompt pendant une heure. Mes collègues sont de retour de déjeuner. Je m'autorise enfin à craquer. Je fonds en larmes. Je m'écroule, la pression s'évacue d'un seul coup. Ce que je vis est d'une violence inouïe. J'arrive finalement à joindre Thierry. À ma voix, il comprend tout de suite que quelque chose ne va pas. En apprenant la nouvelle, il se met à hurler à l'autre bout du fil. Je ne pourrai jamais oublier ces cris. Ma collègue Claire l'empêche de prendre la voiture pour venir me chercher et lui commande un taxi.

Je décide aussi d'appeler la psychologue du ministère de l'Intérieur, rencontrée lors de la cérémonie de lancement du clip et avec laquelle j'ai eu de nombreux contacts par la suite. Elle n'est pas présente sur Paris mais tente de me rassurer. Elle m'explique que l'annonce est peut-être fausse. Et qu'elle va prévenir un de ses collègues que j'avais rencontré en visitant la plate-forme d'appel du numéro vert de Stop-djihadisme. Je suis effectivement rappelée dans la foulée. Lui aussi tente de me calmer et m'annonce que les enquêteurs de la section antiterroriste de la brigade criminelle vont me rejoindre sur mon lieu de travail. À 15 h 09, la conversation reprend. Le messager embraye sur ma dernière question, me disant que Quentin est mort en « Iraque » (*sic*), alors qu'il se trouvait théoriquement en Syrie.

« On ne reconnaît plus les frontières… faut que vous vous réveillez. L'islam ne connaît pas de frontière et on retourne vers l'islam comme le prophète nous a enseigner. Tous les croyants sont des frères. On ne se distingue pas par nationalité au contraire, on combat pour être une nouvelle nation sur la voie prophétique », répond-il en me servant la propagande lénifiante de son groupe terroriste.

Je continue à échanger avec cet odieux messager et notre conversation prend un tour théologique. Mais c'est évidemment impossible de raisonner un esprit aussi formaté, prompt à glorifier la mort de mon fils au prix d'arguments extravagants : « Le jardin du paradis se trouve sous l'ombre du sabre… Votre fils, c'est un courageux et il est bien ou il est… comme Allah il dis, les martyrs vivent dans le corps des oiseaux verts dans le jardin du paradis jusqu'au jour du jugement. »

Au final, cette conversation est encore plus douloureuse que le message manuscrit de Quentin. Alors que cet homme ne connaît pas mon fils, je retrouve quasiment les mêmes formules et les mêmes tournures de phrase. J'ai l'impression d'avoir affaire à une secte au sein de laquelle la mort est glorifiée. Mourir, dans leur esprit malade, serait un acte de bravoure. À aucun moment, il ne m'adresse le moindre réconfort.

Les policiers m'ont entre-temps rejointe sur mon lieu de travail au milieu de la conversation. Je leur dis que c'est le moment d'agir pendant qu'on tient mon interlocuteur. Je voudrais qu'ils m'aident mais ils me disent que ce n'est pas dans leurs habitudes de parler avec les messagers. Ils m'encouragent à poursuivre en me suggérant de lui demander comment la lettre lui est parvenue et à la demande de qui il me prévient.

A-t-il senti le piège ? Le messager met précipitamment fin à notre échange, malgré mes relances. « Prenez soins et lisez le coran et pratique ce que Dieu nous demande », se contente-t-il de répondre à deux reprises avant de disparaître.

Cette journée atroce n'est pas encore finie, puisqu'il faut encore se rendre au Quai des Orfèvres pour un nouvel interrogatoire. Thierry me rejoint sur place. Notre chagrin est immense, notre peine infinie. J'ai même menti à Yannis qui m'appelle, n'osant lui dire la vérité. Il sent que je ne vais pas bien, mais je lui réponds que ce n'est pas grave, « juste un petit souci de boulot ». On aimerait se prendre dans les bras et pleurer, or il faut d'abord répondre aux questions des enquêteurs. On ne nous propose pas de taxi, nous repartons à Sevran en RER, totalement hébétés, complètement vidés. On tient à peine debout, on marche comme des zombies. De retour à la maison, on se pose devant la télévision, prostrés, incapables de réagir. Yannis a appelé dans le RER, je n'ai toujours pas trouvé la force de lui annoncer la mort de son frère. Ma voix trahit mon émotion, pourtant je le rassure. Je ne vois pas d'autre solution que de lui mentir, ce qu'il nous reprochera. Mais je suis totalement paralysée, dans l'incapacité d'aligner trois mots.

Le lendemain matin, après une nuit de cauchemars et un réveil en larmes, je trouve enfin l'énergie de prévenir Yannis. Il prend la route et nous rejoint le soir même avec Valérie.

Thierry, lui, se réveille très en colère. Révolté par la mort de Quentin, il veut régler ses comptes avec le messager. Et en savoir davantage sur les circonstances de son décès. À son tour, il décide de lui écrire en ne mâchant pas ses mots.

« Je regrette pour vous : non seulement vous ne connaissez pas le Coran, mais plus encore vous ne savez pas lire, vous devriez retourner à l'école, vous êtes un ignorant, je ne sais même pas si Allah tout-puissant peut avoir pitié de vous, j'ai de la peine pour vous et mon fils qui est parti sans savoir ! J'ai besoin de savoir où mon fils est mort et quand ? Vous me devez au moins ces informations si vous croyez en Allah et que vous avez encore un soupçon de dignité humaine. »

La réponse demeure évasive et pseudo-théologique. « Votre fils a été tué par l'ennemi d'Allah et tombé martyr pour cause de sa foi en Allah », livre-t-il simplement. Mais Thierry ne lâche pas prise :

« J'avais espéré au moins que vous ayez le courage de dire que vous alliez chercher cette information pour nous. Nous aimerions savoir si une sépulture lui a été faite ? Le sang coule, il ne bâtit pas. »

C'est alors que notre interlocuteur, très énervé, nous fait cette terrifiante confession. « Il n'y a pas de sépulture pour ceux qui s'éclatent parmi l'ennemi avec leur voiture remplie de TNT ! »

Est-ce la vérité ? Nous n'avons aucun moyen de le savoir. Au début de son testament, Quentin fait référence à une bataille à laquelle il est susceptible de participer, celle de la ville d'Al-Qaryatayn. Cette ville majoritairement chrétienne du centre de la Syrie, longtemps occupée par l'organisation État islamique, a effectivement fait l'objet d'une longue bataille jusqu'à sa reprise par l'armée régulière en avril 2016. Quentin est-il mort lors de ces combats ? Le messager explique pourtant qu'il a succombé en Irak. A-t-il mené une opération kamikaze comme ce dernier le suggère ? On ne le saura jamais. Bien entendu, j'espère que c'est faux et qu'il n'a entraîné personne dans sa folie. Comme je l'ai dit, je n'ai jamais imaginé Quentin en combattant, mais je sais que c'est une probabilité tout à fait envisageable. Tout comme le fait qu'il ait pu mener une action-suicide.

Cette révélation va en tout cas déchaîner la colère de Thierry : « Tu seras le prochain sur la liste et que le TNT soit ton salut, vous venez de prouver que vous ne méritiez pas de vivre, je ne pense pas une seconde que l'Éternel puisse avoir pitié de vous », balance-t-il. Fou de rage, comme une catharsis, il agonit le messager, le traitant de « pauvre d'esprit », de « lâche » et d'« ignorant ». « Tu seras le prochain et je te garantis que le jugement dernier sera très dur pour toi », menace-t-il en évacuant ainsi sa détresse. Le messager lui répond qu'il viendra lui trancher la gorge.

La douleur et la colère se mélangent. Il faut digérer cette nouvelle et commencer à prévenir les membres de la famille qui vont se succéder à la maison avec des amis pour des veillées. J'ai l'impression de vivre un cauchemar, plongée dans un monde parallèle. Ça me semble totalement incroyable, mais Quentin est mort. En dépit des circonstances très particulières de son décès, et sans corps, nous décidons de lui rendre hommage, pour ce qu'il a été, afin de ne jamais l'oublier.

22

La cérémonie

Quentin est mort. Je ne veux pas y croire mais je me force à m'y résoudre. Au-delà de l'effroi provoqué par cette nouvelle, il faut accepter les conditions très spéciales de cette annonce. Et d'abord se convaincre que le messager ne nous a pas menti. Certains nous ont mis en garde : plusieurs cas de fausses annonces de décès de djihadistes ont été recensés. Ccla peut être une tactique employée par l'organisation terroriste pour tromper les services de renseignement. Très vite, je comprends aussi que je ne reverrai jamais le corps de mon fils, qu'on ne pourra pas lui offrir de sépulture décente et que je ne me recueillerai jamais devant sa dépouille. Autant de conditions qui rendent l'assimilation de ce décès particulièrement difficile et douloureuse.

Un événement ne va pas faciliter ce travail. Grâce à l'application WhatsApp, un signal indique quand un message a été lu. Mes derniers échanges avec

Quentin remontent au 15 novembre 2015. Jusqu'à l'annonce de sa mort, il n'était jamais demeuré silencieux aussi longtemps. Je sais qu'il avait pourtant autant besoin que moi de ces échanges réguliers, ce qui accrédite la réalité de son décès. Or, quelques semaines plus tard, en me replongeant dans l'historique de nos échanges, je suis stupéfaite de découvrir la mention « Vu », le 10 février 2016. Soit plus d'un mois après l'annonce de sa mort théorique, trois mois après son dernier signe de vie. C'est très troublant même si l'explication est sans doute très simple : un autre djihadiste a récupéré sa puce téléphonique et en a profité pour ouvrir la messagerie. Avec une certaine fébrilité, j'ai malgré tout essayé d'envoyer un message sur ce numéro. À ma grande surprise, il est encore actif mais pas de réponse à mon « bonjour ». J'ai fait part de cette curieuse découverte à la police. Je voudrais vraiment savoir qui contrôle ce numéro aujourd'hui. C'est très perturbant comme situation car, même si je suis persuadée du décès de Quentin, cet épisode ne peut que raviver la part de doute qui sommeille au plus profond de moi. Et, pourtant, je n'ai pas envie de vivre comme une schizophrène, avec une partie de mon être qui le croit en vie et l'autre qui le croit mort. C'est impossible. C'est invivable et trop cruel.

Je n'ai pas d'autre choix que d'accepter le scénario qui m'a été donné et d'admettre que je n'aurai jamais de réponse à toutes mes questions. Et puis, très vite, je réalise que je n'aurai rien à gagner à me bercer d'illusions en continuant à croire qu'il est en vie. À part souffrir en permanence d'espérer des nouvelles qui ne viendront jamais. Ce ne fut facile pour aucun de nous mais je crois que nous avons tous les trois, Thierry, Yannis et moi, fini par intégrer cette nouvelle et fait le bon choix.

Quentin reste évidemment très présent dans ma vie. Certains jours, je sens même qu'il est là, à côté de moi, qu'il me parle. Il m'accompagne. Une nuit, dans un rêve, il était avec moi. On était en vacances tous les deux, au bord de la mer ou à côté d'un plan d'eau. J'ai un souvenir de baignade, un moment doux, serein et agréable. C'est curieux mais je vois aussi l'image de Quentin au volant d'un camion. Il me parle et je l'entends parfaitement. Dans ce rêve, on partage des chewing-gums. Et, quand je me suis réveillée, j'avais le goût dans la bouche. Ce matin-là, j'ai eu un mal fou à me lever, envahie par ce sentiment très étrange de le sentir si près de moi. Je ne voulais pas quitter mon lit, que cette parenthèse se referme et que cette bulle de réconfort éclate. Je n'arrivais pas à le quitter.

Ce doux songe tranche avec l'atmosphère d'angoisse dans laquelle j'ai baigné en permanence pendant toute la durée du séjour de Quentin en Syrie. Car, même si ma peine est abyssale, je dois aussi admettre avoir ressenti une forme de soulagement en apprenant sa mort. Personne ne peut se rendre compte à quel point cette relation à distance fut usante. C'est comme si, pendant quinze mois, je m'étais retrouvée dans l'eau avec quelqu'un en train de se noyer et que j'avais lutté pour maintenir sa tête hors de l'eau. Ce fut un effort considérable : de longs mois sans cesse en alerte, incapable de lâcher mon téléphone ne serait-ce que cinq minutes au cas où Quentin se manifesterait. Une période infiniment longue où il fallait gérer l'alternance des moments d'espoir et de crainte en continuant à mener une vie professionnelle et sociale. Sa mort a mis fin à cette souffrance. La mienne mais également la sienne. Parce que je continue à croire qu'il n'était pas heureux là où il se trouvait. Je ne l'ai jamais senti épanoui. Pris au piège de son engagement, il n'a osé faire demi-tour. Il a préféré mourir pour abréger ce conflit interne qu'il n'a su résoudre. Je ne saurai jamais s'il a effectivement commis un attentat-suicide, comme le prétend le messager, mais je sais qu'il avait pris conscience que, d'une manière ou d'une autre, son aventure allait se finir dans le sang, dans la mort. Et que, sans doute trop malheureux, mais aussi entier, il l'avait accepté.

Malgré les circonstances extrêmement particulières de sa mort, nous décidons très vite d'organiser une cérémonie pour lui dire au revoir. C'est une décision que nous avons prise à trois et le reste de la famille est entièrement d'accord. On a tous envie de se souvenir du Quentin d'avant, de montrer qu'il avait eu une autre vie avant son départ. On ne veut pas avoir honte de lui, éclipser sa mort et faire de lui un fantôme. La date est fixée au 31 janvier, ce qui nous laisse quelques jours de préparation.

Pour le lieu, on a naturellement pensé à l'église. Il ne s'agit pas de nier la conversion de Quentin, mais nous n'avons aucune raison, nous, de nous retrouver dans une mosquée. Et puis Quentin a été baptisé. De toute façon, ce n'est pas une cérémonie religieuse mais une bénédiction laïque. Le curé de la paroisse de Sevran a immédiatement accepté de prêter son concours et de présider l'assemblée. Il a bien sûr été un peu surpris et surtout embarrassé car il n'avait, et pour cause, jamais vécu ça. Il s'est néanmoins montré très à l'écoute et conciliant.

Le jour venu, on a installé un grand portrait de Quentin au pied de l'autel, où il apparaît tout sourire et rayonnant avec son ballon de foot en équilibre au-dessus de sa tête. Nous avons disposé aussi une corbeille avec des objets lui ayant appartenu : une veste, un sifflet d'entraîneur de foot, un diplôme, le livre *Les Fourmis* de Bernard Werber… mais aussi une *qamis* blanche dans laquelle il aurait sûrement été enterré selon la tradition musulmane. À défaut de corps, pour symboliser son passage vers l'orient mais aussi la force de la vie, on également posé près de l'autel un bel olivier offert par mes parents et mes frères et sœurs.

La cérémonie est rythmée par les chants, notamment les gospels, que Quentin aimait tant, entonnés a *cappella* par la sœur de Thierry, chanteuse professionnelle. Yannis, si bouleversé par la disparition de ce petit frère qui fait de lui un fils unique, lit un texte très émouvant à nos côtés. Digne et contenant sa peine, il a ouvert une marche vers l'autel avec ses dix-sept cousins et cousines, portant des bougies pour Quentin. Ma sœur Sophie a rédigé un texte bouleversant, un mélange de tristesse et de colère contre cette guerre qui nous a pris notre fils et tant d'autres enfants. Chloé, la filleule de Quentin, émue, joue la version du « Hallelujah » de Leonard Cohen au piano et Aïden, une autre cousine, interprète avec un cran incroyable le très beau morceau pour enfants « Là-haut »[1]. C'était évidemment très triste, je crois pourtant que tous les participants ont gardé le souvenir d'un beau moment de partage et de lien.

De très nombreuses personnes se sont déplacées. À notre grande surprise, l'église est pleine, grâce à nos amis, à ceux de Quentin et de mes parents. Une assemblée multigénérationnelle et multiethnique, à l'image de cette ville de Sevran et de notre famille. Plusieurs musulmans ont également tenu à être présents. Le ministre de l'Intérieur nous a adressé un très joli message de condoléances. En revanche le maire de la ville Stéphane Gatignon et les responsables de l'association de jeunes musulmans qu'a fréquentée Quentin n'ont pas daigné se manifester.

1. Extrait du dessin animé « Mouk ».

Cette cérémonie très douce m'a fait beaucoup de bien. Je sais que plusieurs participants ont été impressionnés de me voir debout, si souriante, capable d'aller réconforter les gens en pleurs. En réalité, c'est ma manière à moi d'être triste. C'est même thérapeutique, ça me permet de ne pas sombrer. J'étais blessée à l'intérieur, mais je ne voulais absolument pas m'écrouler ce jour-là. Je voulais accompagner Quentin dignement. Il m'a donné de la force. Pour Yannis aussi je me devais d'être courageuse. Il nous avait prévenus : si vous êtes forts, je serai fort. En fait, je crois que je ne voulais pas rater cet adieu à Quentin. Comme on n'avait pas eu l'occasion de lui dire au revoir lorsqu'il a fui pour la Syrie, je ne voulais pas manquer ce moment-là. Vis-à-vis de ses copains qui nous avaient rendu visite quelques semaines auparavant et dont la tristesse m'avait tellement marquée, je pense également que c'était très important de leur faire partager de la joie et de l'espoir. J'avais envie de leur prouver que la vie continue et que c'est à eux de contribuer à bâtir un monde plus juste.

À l'issue de la cérémonie, on se retrouve tous dans son ancienne école primaire pour un grand goûter, son repas favori. Tout le monde a apporté des gâteaux. C'est un moment d'échange convivial. On se rappelle Quentin. Celui d'avant. L'ado sportif, gentil et souriant, pas le djihadiste embrigadé. Celui qu'il ne cessera jamais d'avoir été.

Ce moment de partage nous a donné beaucoup de force. C'est d'ailleurs la date que nous avons décidé de retenir pour marquer le décès de Quentin. Comme on ne dispose d'aucun acte d'état civil ni d'aucune sépulture, il faut bien se rattacher à quelque chose. Dorénavant nous célébrerons sa mémoire à chaque 31 janvier. En souvenir d'un moment très émouvant mais joyeux, et confiants en l'avenir.

23

Sevran

Il était naturel pour nous d'organiser la cérémonie d'adieu à Quentin à Sevran. Cette ville, c'est la nôtre. Celle où nous nous sommes installés en 1991, après la naissance de Yannis. À l'époque, nous souhaitions fuir la pollution de Pantin et le côté arboré et aéré de Sevran nous avait séduits. On a visité la maison un jour ensoleillé d'automne, c'était magnifique. Pendant des années, malgré les trajets quotidiens en RER vers Paris, j'ai apprécié cette ville. Il y avait déjà des problèmes de trafic de drogue mais sans doute moins importants qu'aujourd'hui et on en parlait moins. Avec les espaces verts et les pavillons on ressentait une agréable atmosphère provinciale. On y a été heureux. Ces images font malheureusement partie du passé. Nos rapports avec la ville, et notamment avec son maire, sont devenus beaucoup plus difficiles.

La commune en elle-même a changé. Les commerces traditionnels du centre-ville ont quasiment tous disparu. Les boutiques se sont progressivement confessionnalisées. C'est ainsi mais c'est dommage car il n'y a plus de diversité. Au-delà de ces changements d'enseignes, le communautarisme en tant que tel s'est renforcé. Je ne m'en suis pas rendu compte spontanément. D'abord parce que je n'habite pas dans les quartiers les plus concernés, mais aussi parce que le fait religieux n'était pas au cœur de mes préoccupations.

Tout a changé à partir de la conversion de Quentin. L'islam venait d'entrer dans ma vie intime et je suis, inconsciemment, devenue plus attentive à mon environnement. J'avais constaté le nombre de plus en plus important de femmes voilées de pied en cap, mais je n'y prêtais pas vraiment attention. Ça me gênait car ce n'est absolument pas conforme à ma vision de la laïcité. Ça me semblait surtout totalement incongru, car bien loin de l'image que je pouvais me faire de la religion musulmane, celle de l'islam des Lumières. Pour moi, le sujet était donc marginal. Puis j'ai réalisé que le phénomène avait pris une certaine ampleur. Et qu'il était sans doute plus ancien et plus enraciné que je voulais bien le croire. Pour être honnête, si je n'avais pas été touchée dans ma chair par les ravages de l'intégrisme religieux, je n'aurais pas développé la même sensibilité à ces questions. Mon acuité a évolué. Ma crispation aussi.

Je suis consciente que la montée du communautarisme n'est pas l'apanage de Sevran. Le sujet concerne de nombreux quartiers en France et en Europe. C'est un défi majeur dans nos sociétés, particulièrement complexe à appréhender. Je sais également qu'un maire n'a pas seul les moyens pour lutter contre une tendance aussi lourde, toutefois je n'ai pas le sentiment que le nôtre, Stéphane Gatignon, ait tout fait pour s'y opposer. Au contraire même.

Historiquement, nous n'avons jamais entretenu de grief envers lui. En 2001, nous avons d'ailleurs glissé son bulletin dans l'urne lorsqu'il a été élu sous l'étiquette du Parti communiste avant qu'il ne s'engage sous la bannière écologiste. Avec Thierry, nous sommes tous les deux investis de longue date dans la vie de la commune. Lui en tant que trésorier d'une salle de musculation et moi en tant que membre du club de yoga. Les enfants ont fréquenté le conservatoire de musique, ont fait du tennis, du football, de l'athlétisme… Des activités qui nous ont donné l'occasion de participer à plusieurs rencontres en présence du maire sans développer de liens personnels. On a eu un échange plus étroit avec la ville lorsqu'en 2013 Yannis a représenté la fédération haïtienne de ski aux championnats du monde de snowboard au Canada. Le journal municipal lui a consacré une double page. On a ensuite été invités aux commémorations de l'abolition de l'esclavage. Nos liens avec la mairie n'avaient donc absolument rien de conflictuels.

Thierry et moi avons sollicité Stéphane Gatignon pour la première fois au sujet de Quentin après son départ. C'était au début de l'année 2015, lorsque nous avons appris le décès en Syrie du frère d'une des participantes à notre cellule de parents. Même s'il n'en était pas originaire, il travaillait à Sevran depuis plusieurs années et c'est là qu'il a été radicalisé, sur son lieu de travail. En comptant Quentin et son ami Sylla, ça faisait déjà trois départs en Syrie en lien avec la ville. Même si aujourd'hui on parle d'une quinzaine de jeunes, ça nous semblait déjà beaucoup. À l'époque, on était déjà dans une démarche militante de sensibilisation. On avait rencontré Bernard Cazeneuve, député de Seine-Saint-Denis, et on souhaitait donc rencontrer notre maire pour lui faire part de notre inquiétude, de notre vécu et des actions que nous souhaitions mettre en œuvre. On n'y allait pas dans une démarche de combat mais d'échange.

Il a mis un peu de temps à nous répondre mais nous nous sommes finalement rencontrés en février 2015. Il s'est montré aimable, compatissant par rapport au départ de Quentin, mais, à mon sens, pas fondamentalement investi. J'ai eu l'impression qu'il considérait cette vague de départs comme un phénomène marginal. On lui a aussi montré ce tract salafiste retrouvé dans les affaires de Quentin invitant les fidèles à refuser le vote (« ne vote pas, protège ta foi ») et donc à s'extraire totalement de notre tradition républicaine. Là encore, il n'a pas eu l'air de prendre l'alerte au sérieux.

Il nous a essentiellement proposé de rencontrer le responsable du culte musulman de Sevran. Ce dernier est effectivement venu prendre un café à la maison après moult relances de ma part. Comme avec tous les interlocuteurs que j'avais sollicités, je lui ai montré la correspondance de Quentin. Je lui ai demandé s'il pouvait nous aider à répondre, à trouver les mots susceptibles de le raisonner. Il s'est contenté de nous expliquer de vive voix et par un mail que l'islam était une religion d'amour et de respect, mais n'a ensuite plus jamais donné ni pris de nouvelles. Comme tant d'autres.

Pour en revenir à notre maire Stéphane Gatignon, mon mari et moi lui en voulons surtout de ne pas avoir diffusé le numéro vert mis en place par le gouvernement en avril 2014. On lui en a parlé lors de cette rencontre de février 2015 et pourtant il n'a rien fait. Alors que sa ville était durement confrontée au fléau de ces départs en Syrie, il a failli à sa mission d'information et de protection de ses administrés. Or, il était parfaitement au courant de l'existence d'une mosquée salafiste clandestine dans la commune, la fameuse « mosquée Daech ». Dans un communiqué, il assure même s'être battu pour obtenir sa fermeture. Il connaissait donc le danger, la présence de ces prédateurs intégristes et il n'a rien fait pour en alerter ses administrés. Si j'avais connu l'existence du numéro vert avant le départ de Quentin, ça n'aurait peut-être rien changé pour lui mais sans doute que ça nous aurait interpellés encore davantage sur les risques de sa radicalisation. Je ne me serais peut-être pas contentée d'alerter la Grande Mosquée de Paris, j'aurais éventuellement pris des mesures plus radicales. C'est comme si Météo France diffusait un avis de tempête et que le maire d'une commune du littoral ne le relayait pas. En cela, j'estime qu'il porte une forme de responsabilité dans l'engrenage de ces départs.

Il a fallu que nous soyons contactés par les élus du Front de gauche, les seuls à nous exprimer leurs condoléances, et que l'on recense huit décès de jeunes originaires de la ville pour que ça change. Ils ont interpellé le maire publiquement lors d'un conseil municipal de février 2016 pour finalement obtenir la diffusion du numéro vert sur le site et dans le journal municipal. D'une manière générale, même si le maire affirme qu'il multiplie les initiatives, je lui reproche de ne pas avoir mesuré l'ampleur du phénomène et de ne pas avoir agi en conséquence. On a même l'impression qu'il le minimise. Dans un article de *L'Express* d'avril 2016, la mairie semble se satisfaire de ne recenser le départ que de « seulement » quatorze Sevranais. Comme si ce n'était pas grave !

Je ne l'accuse pas d'avoir radicalisé Quentin tout comme je sais qu'un maire seul n'est pas en mesure de résoudre le problème, mais je lui en veux de ne pas avoir tout fait pour prévenir ce fléau. Il est comme de nombreux élus tombés dans le piège du clientélisme.

Nos relations avec Stéphane Gatignon se sont donc envenimées. J'ai l'impression qu'il nous reproche notre médiatisation et la mauvaise image que nous donnons à cette ville confrontée, certes, à de nombreuses difficultés. Or lui-même n'hésite pas à multiplier les formules chocs et les initiatives médiatiques pour les combats qui lui tiennent à cœur. Quand il réclame des casques bleus pour lutter contre le trafic de drogue ou quand il observe une grève de la faim pour obtenir une rallonge budgétaire pour la commune par exemple. L'histoire a prouvé que c'était un élu capable de se mobiliser pour Sevran. Aujourd'hui nos rapports sont tendus. On ne se parle plus que par communiqués. C'est regrettable. Il n'a même pas réuni de cellule de crise avec les différents parents concernés par les décès.

Malgré tout, je n'ai aucune envie de partir. C'est une ville que je continue à aimer, où mes fils ont grandi. Et même si j'appuie sur les points qui font mal, j'apprécie toujours sa situation et ses habitants. J'ai plein d'amis sur place et j'aime notre maison où, malgré l'absence de Quentin, je sais apprécier le calme ou le réconfort du jardin. Nous partirons peut-être un jour mais quand nous l'aurons décidé. On ne fuira pas.

24

François Hollande

Il est paradoxal que j'aie au final rencontré plus souvent les membres du gouvernement et le président de la République François Hollande que notre maire Stéphane Gatignon. Et j'ai ressenti davantage d'écoute et de compassion chez le chef de l'État.

Notre première rencontre s'est faite devant des centaines de milliers de téléspectateurs, sur le plateau de l'émission de France 2 « Dialogues citoyens » du 14 avril 2016. La chaîne avait souhaité convier des « citoyens » pour interroger le président aux côtés des journalistes Léa Salamé et David Pujadas. La chaîne avait retenu quatre profils : une chef d'entreprise, un conducteur d'autocar électeur du FN, un étudiant blogueur de gauche et moi.

Je n'ai pas sollicité cette participation à l'émission. Ce sont les responsables du programme qui m'ont contactée. Ils avaient manifestement très envie de m'avoir en plateau, m'expliquant que je parlais bien d'un sujet d'actualité particulièrement délicat et que ma notoriété médiatique naissante me rendait légitime à prendre la parole. J'ai hésité à accepter. Parce que, après le clip de prévention, ça m'exposait encore un peu plus sur le sujet. Et puis, en acceptant de participer à l'émission en tant que « mère de djihadiste », j'allais endosser un rôle et, en quelque sorte, représenter tous les parents dans cette situation atroce. Je n'engageais donc pas ma seule responsabilité mais aussi celle de tous les autres, alors que le vécu de chacun est singulier. Je respecte tellement la douleur de toutes ces familles que je ne voulais pas les décevoir. Cette pression-là était plus forte que celle, pourtant bien réelle, de la rencontre en direct avec le président de la République.

J'ai finalement répondu favorablement à l'invitation. Car j'avais envie de faire passer des messages au chef de l'État. Et puis l'émission tombait la veille de l'anniversaire de Quentin. J'y ai vu comme un symbole. Je ne pouvais pas me dérober ; d'autant que j'étais totalement libre de m'exprimer. Il n'y a eu aucune rencontre préalable avec les services de l'Élysée. J'avais eu plusieurs échanges avec la production : François Hollande connaissait nécessairement les grands thèmes de mon intervention. Mais pas dans le détail. Le programme était en direct et n'avait donné lieu à aucune répétition. J'ai apprécié cette liberté, gage de l'authenticité de mon intervention.

Le jour venu, il a fallu arriver au musée de l'Homme, lieu de l'émission, très en avance, vers 15 heures. Sur place, on commence par faire connaissance avec l'équipe, puis avec les autres intervenants. On partage un repas. L'ambiance est relativement détendue, même si l'imposant service de sécurité ne passe pas inaperçu. Je rencontre brièvement Léa Salamé et David Pujadas pendant le maquillage. Ils me rassurent, m'invitent à ne pas stresser. Cela m'amuse car ils m'expliquent que le président a sans doute plus le trac que moi, car lui passe en quelque sorte un examen et pas moi. Ils insistent sur la liberté de ton qui doit être celle de tous les intervenants. On ne doit ni se censurer, ni hésiter à lui couper la parole. Ils arrivent à démystifier l'événement : on va se retrouver entre gens normaux face à un président normal, donc ça devrait bien se passer.

Thierry me rejoint sur place. Il est beaucoup plus stressé que moi. Par rapport aux autres « citoyens » conviés, j'ai la chance d'être déjà passée à la télévision. Je me suis également entraînée lors d'un dîner avec des amis quelques jours auparavant. Malgré tout, à mesure que l'heure avance, la tension se fait de plus en plus forte. Je relis mes notes et j'ai hâte que ça débute. Les dernières minutes sont les plus longues. François Hollande arrive au dernier moment, je ne le rencontre même pas avant le lancement du direct.

Au moment de passer à mon tour, en deuxième position après la chef d'entreprise, tout se déroule parfaitement. Je ne suis pas impressionnée et les questions s'enchaînent naturellement. J'ai globalement pu aborder tous les thèmes que je souhaitais, à commencer par la responsabilité collective de la France qui fournit le premier contingent de combattants djihadistes occidentaux à Daech. On a pu échanger sur les causes de cet exode et sur les moyens d'y remédier. Je l'ai également interrogé sur la montée de l'islamisme dans le pays ainsi que sur le rôle des prédicateurs, dont celui de Brest, et manifestement il ne connaissait pas bien le dossier, affirmant que la mosquée avait été fermée. J'ai évoqué la situation de nos jeunes sur place. Je lui ai notamment fait part de toute la difficulté à faire son deuil sans corps quand on n'a ni sépulture, ni certificat de décès. Imprudemment, il m'a promis que des certificats seraient délivrés ; j'ai appris plus tard que la justice s'y refusait et qu'une autre procédure devait être engagée…

Le temps est passé très vite et j'ai eu la sensation de découvrir un homme sensible à ma douleur et à mes interrogations. Je l'ai senti concerné par la gravité du phénomène. Certains parents m'ont reproché d'avoir été trop gentille avec lui, mais je n'étais pas venue pour l'accabler. Et à titre personnel, même si j'ai des reproches à faire à la France et à nos autorités, je continue à penser qu'on a besoin de la puissance publique. Que des actions de prévention ou pour favoriser le retour des djihadistes français peuvent être entreprises. Avec Thierry, on a brièvement poursuivi la discussion avec le président à la fin de l'émission. Il nous a alors promis de nous recevoir à nouveau.

Après plusieurs relances, et l'intervention d'un ami photographe, il a bel et bien tenu parole. Je n'ai pas forcément été surprise car on m'avait dit qu'il n'était pas du genre à faire de telles promesses en l'air. Le 1er juillet 2016, nous avons donc été conviés, Thierry et moi, à une rencontre en tête à tête avec le chef de l'État au palais de l'Élysée à 8 h 30. Jusqu'au bout on a pensé que la rencontre pourrait être annulée, car elle tombait une semaine après le Brexit. Il n'en a rien été.

La veille du rendez-vous, je n'ai pas dormi. Mais, une fois sur place, la tension s'est envolée. C'est assez impressionnant de se retrouver à l'Élysée. François Hollande est venu nous chercher personnellement dans le salon attenant à son bureau, très simple et convivial. Son attitude nous a d'emblée mis en confiance.

Alors que l'entretien devait initialement durer une demi-heure, on est finalement resté une heure dans son bureau où deux conseillers avaient également pris place. Il avait des notes sous les yeux. On est revenus sur la question des certificats de décès et il nous a effectivement expliqué que c'était impossible.

Les autorités judiciaires n'y sont pas favorables car cela impliquerait l'extinction des poursuites judiciaires. Par précaution, les Français tués en Irak ou en Syrie sont donc seulement considérés comme « présumés » morts. Sa conseillère nous a détaillé les démarches à entreprendre pour obtenir un jugement de présomption d'absence permettant aux parents de régler des démarches administratives – fermeture de comptes bancaires, succession… On a aussi longuement parlé du sort des enfants nés sur le territoire de l'État islamique et de l'attention qu'il faudrait leur porter. Il a convenu que la persistance du conflit syrien était un obstacle à la mise en place d'une politique proactive sur le terrain, mais que la France ne restait pas les bras croisés face à cette tragédie.

Au final, j'ai trouvé en face de moi un homme qui, à l'image de Bernard Cazeneuve lorsque nous l'avions rencontré à Aulnay-sous-Bois, nous a parlé comme un père de famille compréhensif. Même s'il est resté ferme sur la politique de lutte contre le terrorisme – et c'est tout à fait légitime –, il nous a semblé concerné par le sort des familles comme la nôtre. D'un point de vue personnel, il était plus décontracté qu'à la télévision, moins raide.

Je ne sais pas sur quoi débouchera concrètement cet entretien. Je serai peut-être déçue, mais j'ai envie d'y croire. J'ai ressenti une grosse bouffée d'oxygène en sortant de l'Élysée, sentiment que Thierry et moi avons partagé avec notre groupe de parents concernés.

J'ai vraiment eu le sentiment d'avoir été entendue, même si le combat n'est pas terminé. Il y a un dernier point auquel j'ai été très sensible : il nous a parlé comme à des victimes. Ce qui, pour beaucoup de gens, ne va pas forcément de soi.

25

Victimes

La formule est abrupte, elle en choquera même peut-être certains mais je n'ai pas peur de l'affirmer : je suis une victime du terrorisme. Je sais que certaines personnes ont du mal à l'accepter, or comment pourrait-on considérer autrement notre situation de parents d'enfants embrigadés ? Car c'est une souffrance inimaginable que nous subissons. C'est d'abord une torture intellectuelle, faite de remises en question permanentes. Jusqu'à la fin de mon existence, je me poserai les mêmes questions : qu'est-ce que je n'ai pas vu ? Aurais-je pu agir autrement ? Est-ce que j'ai commis des erreurs ? Mentalement c'est épuisant. Tout comme la gestion de la relation à distance avec un fils dont on constate chaque jour un peu plus qu'il vous échappe et rejoint les ténèbres. Là encore, c'est une épreuve. Mais la vraie douleur, celle dont on se demande comment on arrivera à la surmonter, c'est la perte d'un enfant.

J'ai une infinie compassion pour les parents dont les enfants ont été victimes des odieux attentats perpétrés dans notre pays. Je pense très souvent à eux. Je sais ce qu'ils ressentent d'avoir perdu un fils ou une fille et c'est sans doute l'une des pires choses qui puissent vous arriver dans votre vie. Mais pour le grand public comme pour les officiels, la douleur de ces parents n'est pas considérée de la même manière que la mienne, dont le fils aurait peut-être pu commettre ces actes ignobles. Je suis, au mieux, perçue comme une victime collatérale, dont la peine serait en quelque sorte moins légitime. Et pourtant, je pense que nos chagrins sont équivalents. À moi aussi l'État islamique et le terrorisme ont pris un enfant. Je l'ai élevé dans l'amour, je lui ai inculqué des valeurs et Daech me l'a ôté.

Sans vouloir faire une fixation sur lui, c'est par exemple l'opinion du maire de Sevran, Stéphane Gatignon. Dans son communiqué du 8 mars 2016 en réponse à la lettre ouverte incisive que nous lui avons adressée, il exprime d'abord son empathie : « Je comprends la douleur des parents et en particulier celle de la mère. C'est une douleur immense que de perdre un enfant. Douleur d'autant plus insupportable que ce jeune de 23 ans a été enrôlé par les terroristes », écrit-il. Des mots qui pourraient sonner comme des condoléances, mais pas davantage comme il le précise aussitôt : « Il faut raison garder. On ne peut confondre en un même discours les victimes et les complices des assassins de Daech. J'avoue ne réserver qu'aux seules victimes des attentats de l'État islamique et des terroristes mes sentiments de compassion et de solidarité. »

Cette opinion est largement majoritaire, je le sais. Il suffit de jeter un œil sur les réseaux sociaux où je me fais régulièrement brocarder. On me demande par exemple de renier mon fils mais c'est impossible. Je sais que dans une large frange de l'opinion publique – et même de la classe politique –, on se réjouit de la mort de nos jeunes en Syrie ou en Irak. On les préfère morts que de retour, en raison du danger qu'ils peuvent représenter. Sans jamais penser à nous, leurs parents. J'en souffre énormément.

J'ai ainsi fait la connaissance de la mère de Foued Mohamed-Aggad, l'un des trois assaillants du Bataclan, le soir du 13 Novembre. Elle fait partie des personnes venues à la maison après le décès de Quentin pour nous réconforter. Installée en Alsace, elle se rendait dans la région parisienne pour rendre visite à un autre de ses fils, incarcéré après avoir séjourné en Syrie[1]. Malgré son chagrin et sa situation – les actes commis par son fils Foued sont insensés et effrayants, cela va sans dire –, elle a su trouver les mots pour nous apaiser. Quand on parle de mères Courage, celle-là en est une. Et sa douleur est inimaginable.

---

1. Condamné à neuf ans de prison, en juillet 2016, par le tribunal correctionnel de Paris, il a fait appel.

Dans cet océan de douleur, des ponts sont parfois construits. Et la tolérance ne se situe pas forcément où on pourrait l'imaginer. Grâce à l'initiative de Dominique Bons et d'un doctorant, une rencontre nationale a été organisée entre des parents de jeunes enrôlés par Daech et des représentants de l'association de victimes « 13 novembre 2015, fraternité et vérité ». C'était un moment très fort pour tous les participants. Je n'oublierai jamais les propos qu'ils nous ont tenus, leur intelligence et leur tolérance. Alors qu'ils ont pour la plupart perdu un être cher dans le carnage de cette funeste nuit, ils nous ont assuré que nos combats étaient les mêmes, que c'étaient des enfants de la République qui avaient tué d'autres enfants de la République et que la société dans son ensemble portait donc une lourde responsabilité.

Ils sont dans la même démarche que la nôtre : chercher le sens de ces départs et de ces attentats afin qu'ils ne se reproduisent pas. Leurs mots ont su nous réconforter : « N'ayez pas honte et ne culpabilisez pas. » Venant de leur part, c'était bouleversant. J'ai aussi noté cette autre phrase : « Une victime est une victime. » Contrairement à tellement d'autres bien moins concernés, eux ne font pas la différence.

Sur le plan juridique, c'est beaucoup plus compliqué. Par l'entremise d'un avocat, nous avons souhaité avec Thierry nous faire reconnaître comme partie civile dans le cadre de l'information judiciaire ouverte contre Quentin et ses complices présumés ; c'est-à-dire obtenir de la justice le statut de victime. Symboliquement c'est très important pour nous d'être reconnus par l'institution judiciaire.

Accessoirement, ce serait aussi l'opportunité d'avoir accès à l'enquête et ainsi, peut-être, de répondre aux questions qui nous taraudent : qui sont les recruteurs de Quentin ? Comment s'y sont-ils pris pour l'attirer dans leurs filets ? Quelles sont ces fameuses filières de recrutement pour la Syrie ? Le juge d'instruction chargé de cette enquête terroriste a refusé. Dans son ordonnance très argumentée, le magistrat rappelle que la recevabilité de la constitution de partie civile est subordonnée à la présence de deux conditions : l'existence d'un préjudice et la relation directe entre celui-ci et l'infraction poursuivie.

Pour le préjudice, le juge se montre compréhensif : « Il ne fait aucun doute que le départ en Syrie de Quentin Roy afin d'aller rejoindre l'organisation terroriste État islamique pour participer à des actions à ses côtés et *in fine* d'avoir participé selon les renseignements recueillis, mais non confirmés, à une opération suicide ayant entraîné sa mort, est de nature à créer un préjudice évident pour ses parents. » En revanche, il considère que « ce préjudice réel n'est pas en relation directe avec l'infraction poursuivie ».

Selon nous, il faut prendre en compte l'embrigadement dont Quentin a été victime. Et notamment de la part d'un de ses amis de Sevran, très proche, beau parleur et qui pratiquait la dissimulation, mis en examen dans cette enquête. Le magistrat ne l'entend pas ainsi : « À supposer que l'influence de X dans le départ pour la Syrie de Quentin Roy puisse être établie, il convient de considérer que c'est de son plein gré, par une décision personnelle (...), que Quentin Roy a pris la décision de partir et de participer à l'association de malfaiteurs terroriste qui lui est reprochée (...). Que de la même manière Quentin Roy a entendu, alors qu'il se trouvait en Syrie, persister à participer à l'association de malfaiteurs dont il faisait partie sans que puisse être mise en avant l'influence que ce dernier aurait pu subir alors qu'il adhérait lui-même pleinement à l'association de malfaiteurs. » Alors qu'avec notre avocat nous considérions être dans un cas similaire à l'abus de faiblesse, où la constitution de partie civile des parents est admise, le juge écarte nos arguments. Il va même encore plus loin : quand bien même Quentin aurait été influencé dans son départ, la situation « ne saurait s'analyser en une emprise, une sujétion psychologique et donc une situation d'abus de faiblesse ».

Tout ce qui nous sépare de l'analyse juridique est ici résumé. Bien entendu, je ne nie pas que Quentin tient une part de responsabilité dans son départ. Je suis d'ailleurs la première à dire qu'il méritait d'être incarcéré et sanctionné s'il était rentré. Mais on ne m'empêchera jamais de penser que cette tragédie ne se serait jamais produite s'il n'avait pas été conditionné par des recruteurs habiles et malfaisants. Contrairement au juge d'instruction, je pense que Quentin était sous emprise, en proie parfois à la peur et au doute comme nos échanges avec lui en attestent. Et que notre peine est directement liée, pas exclusivement mais réellement, à l'action de ces manipulateurs fondamentalistes. Nous en payons les conséquences. D'ailleurs, lors du procès, j'espère que les recruteurs de Quentin seront lourdement condamnés. Trop souvent leur rôle me semble minimisé.

Même si la justice refuse de me voir ainsi, je persiste : je suis une victime. Je n'en tire absolument aucune gloire mais je veux que le regard sur les parents dans notre cas change. Dans la grande majorité des cas nous avons correctement élevé nos enfants et nous méritons le soutien de la population dans notre épreuve. Nous n'avons pas à nous cacher.

26

Déradicalisation

Je crois à la reprise en main de tous nos jeunes partis se perdre en Syrie ou en Irak. Il ne s'agit pas d'invoquer une quelconque rédemption, mais de plaider pour la mise en œuvre de politiques publiques offensives afin de les raccompagner sur le droit chemin. Le chantier de la prise en charge des djihadistes, de retour sur notre sol, est considérable. Il est surtout primordial pour l'avenir de notre société.

Peut-on arriver à déradicaliser quelqu'un dont les convictions sont profondément enfouies ? Je n'en sais rien. Il y aura sans doute des échecs, des cas impossibles, mais nous avons le devoir impératif d'essayer. On parle ici d'humains, il est donc impossible d'exiger une obligation de résultats, on doit cependant au moins réclamer une obligation de moyens. J'ai suffisamment souffert de l'absence d'interlocuteurs valables pour savoir à quel point cet investissement est primordial.

Depuis quelques années, le gouvernement a fait des efforts. Insuffisants selon moi, mais qui ont au moins le mérite d'exister. Il y a ainsi des structures spécialisées, plus ou moins efficaces, plus ou moins sérieuses, dans presque chaque département. L'engagement en soi est louable car, comme je le disais, l'opinion ne milite pas en faveur de cet investissement long et coûteux. Je sais qu'une bonne partie de la population, et même certains politiques, préfèrent que les Français soient tués sur place que de retour dans l'Hexagone. J'ai beaucoup de mal à supporter ce discours largement répandu. La peine de mort a été abolie dans notre pays, c'est même devenu un socle de notre Constitution. Nous vivons dans un État de droit où la justice prime sur la vengeance. Et, malgré l'effroi que peut nous inspirer le terrorisme, bafouer ces principes reviendrait à nous trahir. Et même à aggraver le problème. Nos jeunes sont séduits par l'idéologie totalitaire de l'État islamique, à nous tous, collectivement, d'essayer de comprendre et d'y répondre.

L'État met d'abord en avant la réponse sécuritaire. C'est compréhensible et légitime. Le ministre de l'Intérieur Bernard Cazeneuve avait été très clair lors de notre rencontre avec les autres parents : la judiciarisation et la vraisemblable incarcération des jeunes de retour sont un préalable intangible. On s'y était préparés, non sans une certaine appréhension.

Je dois avouer que la perspective de l'emprisonnement de Quentin me faisait peur. À l'aune de ce que j'avais vécu pendant les quinze mois de sa présence en Syrie, je craignais de ne pas avoir les ressources mentales suffisantes pour me replonger dans une nouvelle étape d'accompagnement intensif. J'aurais tout donné pour que Quentin revienne, mais je savais bien qu'un tel retour ne mettrait pas fin à l'histoire. Il aurait fallu redoubler d'effort pour le reconnecter à nos valeurs. Un nouveau combat, lui aussi éreintant. D'un point de vue très pratique, et je le sais d'autant mieux que je fréquente de nombreux parents dans cette situation, la prison envahit le quotidien des proches. Entre les lessives et les visites, ma nouvelle vie aurait été rythmée par l'incarcération. Je le redoutais. Mais je l'espérais plus que tout ! Malheureusement la propagande a été la plus forte, d'autant que Daech fait tout pour les dissuader de rentrer en leur assénant toujours le même message : ici vous êtes libres, alors que dans votre pays d'origine vous êtes devenus indésirables et seule la prison vous attend.

Je ne sais pas où Quentin aurait été emprisonné, mais j'espère qu'il n'aurait pas atterri dans un des quartiers dédiés mis en place par le gouvernement pour les détenus radicalisés. Je ne suis pas du tout favorable à cette initiative qui consiste à regrouper les cas les plus pervertis par l'idéologie radicale. Je pense que la logique de groupe sera toujours plus forte et qu'elle ne peut que contribuer à renforcer encore davantage leurs convictions. S'ils baignent en permanence entre eux dans le même discours, comment peuvent-ils changer de logiciel de pensée ? Et puis s'émanciper du groupe n'est pas chose facile : c'est le risque de passer pour un traître et de se couper de son nouveau réseau amical et de solidarité.

Avec certaines réserves, je suis plus favorable aux centres dits de déradicalisation. Cela peut paraître paradoxal car on se situe également dans une logique de regroupement. Mais on agit en dehors du cadre pénitentiaire et la différence n'est pas anodine. L'encadrement est assuré par un collège de professionnels aux compétences variées, des éducateurs, des psychologues, des sociologues, et la perspective n'est plus la même.

La première de ces structures, baptisées centres de prévention, d'insertion et de citoyenneté (CPIC), a été inaugurée en septembre 2016 en Indre-et-Loire. L'intention est bonne mais encore trop modeste. Ce centre s'adresse en effet à de jeunes volontaires, quelques dizaines seulement, dont l'engagement dans un processus de radicalisation n'est pas encore trop prononcé et qui ne se sont pas rendus sur zone – c'est-à-dire des candidats au profil très *light*.

La notion de volontariat me laisse également perplexe quand on évoque des jeunes en rupture avec les valeurs de la société. Il s'agit donc essentiellement d'un travail en amont, expérimental, fondé notamment sur l'idée de les reconnecter à l'art du doute et de réveiller leur esprit critique. Ce type de centre est nécessaire mais arrive un peu tard au regard des enjeux actuels. Il en faudrait plusieurs dizaines.

Pour réussir ce travail de proximité, des moyens doivent aussi être dévolus aux associations qui œuvrent sur le terrain. Certaines le font sans ressources suffisantes, ce n'est pas normal. Elles devraient aussi travailler en réseau, partager leurs pratiques, ce qui se fait à l'étranger.

On doit aussi envisager des structures pour les cas les plus lourds : ceux qui ont basculé dans la radicalisation violente et dont les traitements sont judiciarisés. Des profils comme celui de Quentin. Des centres de ce type ont été promis, j'espère qu'ils verront effectivement le jour. On pourrait imaginer un dispositif similaire à un sas de décompression, comme on peut en concevoir par exemple pour les enfants soldats qu'on tente de reconnecter à l'empathie et à l'estime de soi. Je sais qu'il faut être modeste, car tout le monde tâtonne et personne n'a encore trouvé la recette miracle. Je ne prétends absolument pas donner de leçon mais je pense qu'on doit oser des formules plus innovantes et pour tous, volontaires ou pas.

Mais quel que soit le cadre, au-delà de la punition, le véritable enjeu est le travail à mener sur la conscience de ces jeunes. D'ailleurs, je n'aime pas trop le terme de déradicalisation. Il est trop parcellaire car il réduit le sujet à sa radicalité alors qu'il faut adopter une approche plus large.

Un des nombreux chercheurs que j'ai rencontrés préfère parler de reconstruction. Ce terme me semble plus juste. Parce qu'il s'agit bel et bien de remettre un nouveau projet entre les mains de ces jeunes auxquels Daech a su offrir un projet de société complet avec une dimension politique et morale, avec tout ce qu'elle comporte d'horreurs.

Selon moi, les meilleures méthodes sont donc les plus globales. Le centre d'Indre-et-Loire, comme de nombreuses associations, est censé fonctionner sur ce modèle, en faisant intervenir des psychologues, des psychiatres, des assistantes sociales, des éducateurs… Il faut retracer l'histoire du jeune endoctriné et tenter de comprendre les facteurs qui l'ont fait basculer. Détecter les failles sur lesquelles les recruteurs se sont appuyés. Et ensuite bâtir autour de lui un projet de retour à la vie sociale, après l'avoir débarrassé de ses certitudes fondamentalistes et complotistes.

Le projet des organisations terroristes paraît absurde, mais il est bien ficelé et donc très séduisant. Le déconstruire n'a rien d'évident. De nombreux intervenants expliquent qu'il existe sans doute un programme de reconstruction propre à chaque individu, impossible à dupliquer. C'est sans doute exact. Cela prouve en tout cas l'investissement financier et humain que cela représente. Mais l'enjeu, l'avenir de notre jeunesse, en vaut la peine.

Je pense aussi, comme de nombreux chercheurs, que le rôle des proches est primordial. Retracer l'histoire familiale facilite en premier lieu l'élaboration du diagnostic. Les familles jouent ensuite un rôle considérable d'accompagnement et de soutien dans un processus nécessairement long et difficile. Elles doivent être là pour ce que j'appelle « reconnecter les jeunes au cœur » – c'est-à-dire leur apprendre de nouveau à ressentir de l'empathie. C'est ce que je me suis efforcée de faire mais, à distance, la tâche était impossible. Parallèlement, je suis convaincue qu'on ne peut réussir dans cette tâche qu'en fragilisant, voire en interdisant, l'idéologie islamiste, dont les représentants sont nombreux et très organisés et prosélytes en France.

Si Quentin était revenu et avait été pris en charge par une équipe pluridisciplinaire, je pense que j'aurais eu davantage de chance de faire revivre le fils que j'avais élevé dans le respect d'autrui. En tout cas je n'aurais pas ménagé mes efforts. Ne pouvant plus mettre cette volonté au service de Quentin, j'ai décidé de la mettre au profit de tous les autres. C'est devenu mon engagement.

27

Témoigner

Sans l'avoir vraiment recherché au départ, je suis devenue une porte-parole de la cause des parents d'enfants djihadistes. La participation au clip puis à l'émission avec François Hollande a largement contribué à renforcer ma notoriété. Je ne l'avais pas prémédité, cela s'est fait naturellement. Pour autant, même si je sais que ma parole représente celle de bon nombre de parents qui n'osent pas ou n'ont pas les moyens de s'exprimer publiquement, je n'appartiens plus à aucune association. Je fréquente de nombreux parents dans ma situation, toutefois j'agis en électron libre pour conserver une liberté de ton totale. Je ne veux être enfermée dans aucune case ni aucune chapelle. J'y suis très attachée.

Assumer cette subite notoriété n'allait pas de soi. D'abord parce qu'il a fallu lutter contre un phénomène très naturel : la peur. Et notamment par rapport à la situation de Quentin. Lors de mes premières interventions médiatiques, je demandais aux journalistes de ne pas donner son véritable prénom. D'un point de vue plus personnel, il fallait aussi assumer d'être vue comme une mère de djihadiste. Ce n'est pas un statut enviable et je comprends parfaitement la réticence de tous ceux qui souffrent en silence. Le climat n'est pas en notre faveur. Mais si j'ai accepté de prendre la parole, c'est avant tout pour montrer que nous n'avions aucune honte à avoir. Au contraire, notre expérience de parents concernés ne peut qu'être utile à la compréhension d'un phénomène complexe et si sensible. Je ne le vis pas comme une mission mais comme un devoir.

Dans la mesure où cela ne nuit pas à mon activité professionnelle, j'ai donc tendance à répondre favorablement aux sollicitations qui me sont adressées. Elles sont très diverses, viennent de France ou de l'étranger.

J'ai par exemple été auditionnée par une commission de l'assemblée parlementaire du Conseil de l'Europe à Paris. Mes propos sur la nécessité pour tous les musulmans de dénoncer l'islam radical n'ont pas été appréciés par une députée turque. Elle s'est sentie offensée. J'ai pourtant toujours été très claire : je ne confondrai jamais l'islam et l'islam radical. Pourtant, comme le dit le dramaturge musulman belge Ismaïl Saidi, auteur de la pièce *Djihad*, « on ne peut pas dédouaner l'islam de ce qui se passe en répétant à outrance que ce n'est pas l'islam. Il y a une maladie dans la manière dont l'islam est inculqué et, pour la soigner, il faut l'admettre. »

J'ai également été invitée à participer à un congrès sur le rôle des femmes organisé au Liban par la Fondation May Chidiac, du nom de cette journaliste vedette grièvement blessée dans un attentat à la voiture piégée. Dans ce pays qui sait plus que tout autre ce que la violence religieuse peut engendrer, j'ai apporté mon modeste témoignage sur les dégâts de l'endoctrinement religieux.

Au gré de mes interventions, je suis également retournée à la Grande Mosquée de Paris, aux côtés de mon amie Nadia Remadna de la Brigade des mères pour une soirée privée. Je n'étais pas personnellement invitée mais, sans animosité, j'ai pris la parole pour rappeler que j'étais venue deux ans plus tôt et que mon appel à l'aide était resté sans réponse, sauf pour m'indiquer que j'avais oublié mon parapluie. J'ai surtout insisté sur la nécessaire mobilisation de tous les musulmans contre un fléau qui concerne directement l'islam. J'ai pu constater un certain progrès car les participants ont globalement acquiescé. Néanmoins force est de constater que le sujet est sensible : dès qu'il est abordé on vous taxe d'islamophobe et de stigmatiser une communauté religieuse. Je ne veux pas participer au *silence coupable*[1] que dénonce Céline Pina, cette ancienne élue PS qui s'est fait connaître en dénonçant le salon de

1. *Le Silence coupable*, Kero, 2016.

la femme musulmane de Pontoise. Je soutiens ceux qui combattent l'obscurantisme, le clientélisme et l'électoralisme. Il faut oser nommer les choses.

Comme d'autres parents, on m'invite aussi à témoigner auprès des jeunes et j'y suis très sensible car ce sont les principaux concernés. Je suis notamment intervenue avec Thierry dans l'ancien lycée de Quentin, à Aulnay-sous-Bois. J'ai parlé de lui à plusieurs classes, de son parcours, de sa passion pour le sport, de ses interrogations, de sa dérive. Je leur ai montré des photos de lui enfant ou de sa mobilisation après le tremblement de terre à Haïti. Ils étaient très impressionnés et même émus. Je leur ai parlé des ravages de la théorie du complot, de la nécessité de mettre en place une contre-propagande. Je les ai sentis très attentifs, beaucoup ont pris des notes. Pour moi, pour nous deux, c'était également un moment fort. C'est plus surprenant mais j'ai aussi été invitée par une association de jeunes malentendants. J'ai été effarée d'apprendre que l'État islamique avait mis en ligne sa propagande en langue des signes ! C'est la preuve que la sensibilisation doit être totale.

Si je m'exprime autant, c'est que je veux à tout prix libérer la parole. J'en appelle à la responsabilité de chacun : si vous repérez des signes de radicalisation chez un proche, ne tournez pas la tête. Ne l'ostracisez pas mais signalez son cas. Votre inquiétude ne sera peut-être pas justifiée, mais le risque est trop grand de passer à côté d'un jeune en pleine dérive qu'on pourrait encore rattraper avant qu'il ne soit trop tard. J'aurais tellement aimé qu'on m'ouvre les yeux sur le basculement de Quentin…

La participation à toutes ces rencontres représente un investissement en temps et en énergie non négligeable. Mais je le fais aussi pour moi. Si je m'investis autant intellectuellement dans la compréhension du phénomène djihadiste, c'est pour éviter de sombrer. J'ai besoin de comprendre.

Je ne me voile pas la face : il y a quelque chose qui m'a échappé dans la compréhension de mon enfant. C'est ainsi et je ne pourrai malheureusement jamais revenir en arrière. Cela ne sert à rien de culpabiliser et de me lamenter jusqu'à la fin de mes jours. La seule solution que j'ai trouvée pour aller de l'avant, c'est de tout faire pour analyser ce basculement que je n'ai pas su prévenir. Alors je lis des livres sur les religions ou la géopolitique. Je participe à des colloques et à des conférences. Je reste en contact avec les anciens amis de Quentin. Je veux tout savoir pour mieux comprendre. Ça me passionne autant que ça me soulage. C'est ma manière à moi de tenir debout. J'ai décidé de faire de mon chagrin un ami et non un ennemi. Avant de se reprendre, Manuel Valls avait eu cette phrase malheureuse : « Expliquer, c'est déjà vouloir un peu excuser. » Quelle erreur ! Expliquer, c'est progresser.

Si j'avais un seul message à faire passer, c'est celui-ci : ne jugez pas ! Ni les parents, ni les jeunes dont vous ne connaissez pas forcément le vécu. J'aime beaucoup cet extrait d'un texte du psycho-sociologue Jacques Salomé : « Écoute-moi s'il te plaît, j'ai besoin de parler. Accorde-moi seulement quelques instants. Accepte ce que je vis, ce que je sens, sans réticence, sans jugement. (...) Surtout ne me juge pas, ne me blâme pas. Voudrais-tu que ta moralité me fasse crouler de culpabilité ? Ne te crois pas non plus obligé(e) d'approuver. Si j'ai besoin de me raconter, c'est simplement pour être libéré(e)[1]. » Je me retrouve parfaitement dans ces mots-là. Je parle pour me libérer.

Un jour peut-être, j'en aurai marre. Je n'aurai plus envie de parler, de m'exposer. Ma vie ne sera plus focalisée sur le djihad et la radicalisation. Ce sera sans doute bon signe, car ça signifiera que j'ai atteint une certaine sérénité. Que j'ai digéré les conditions dans lesquelles j'ai perdu mon fils. Je retournerai alors à cet anonymat dont j'aurais aimé ne jamais m'extraire. Je profiterai de ma famille, de mon jardin et, je l'espère, de mes futurs-petits-enfants.

Mais je dois être honnête. Si j'ai écrit ce livre, c'est en tout premier lieu pour Quentin. C'est à lui qu'il s'adresse. Je tenais à raconter son histoire, à réhabiliter son parcours. La vie de Quentin Roy ne se réduit pas à ses deux dernières années. Elles font

1. Texte non publié, offert par Jacques Salomé lors d'un séminaire de formation. Voir son site www.j-salome.com.

partie de lui, mais la réalité est plus complexe. Je suis certaine qu'il aurait compris ma démarche. Celle d'une mère triste et en colère, à jamais fière d'avoir donné la vie à un garçon qu'elle ne cessera jamais d'aimer et qui, lui aussi, nous aimait.

Remerciements

À ma famille, à mes amis, sans qui je n'aurais jamais eu le courage d'écrire ce livre.

À Timothée qui m'a aidée à restituer l'histoire, n'a pas trahi mes propos dans un souci de vérité et d'authenticité.

Table

Cet ouvrage a été composé et mis en pages
par ÉTIANNE COMPOSITION
à Montrouge.

Imprimé en France par CPI
en janvier 2017

Dépôt légal : février 2017
N° d'édition : 55820/01 – N° d'impression : 3020020

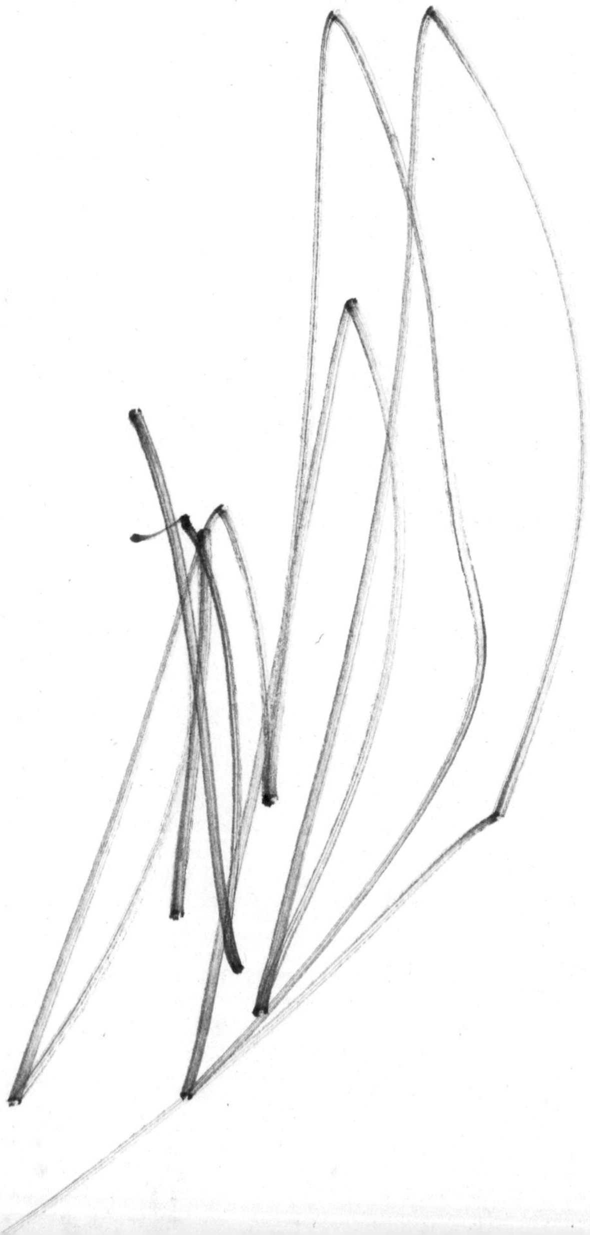